Knaur
MensSana

Über die Autorin:

Monnica Hackl, 1947 geboren, studierte Theologie, Germanistik, Sozialpädagogik und ließ sich im gesamten Spektrum der Naturheilkunde ausbilden. Sie lebt in Dorfen/Bayern und betreibt dort in eigener Praxis TCM, Homöopathie, Bach-Blütentherapie, NLP, Chiropraktik und viele weitere klassische Naturheilverfahren. Seit Jahren beschäftigt sie sich intensiv mit schamanischer Medizin und bildet sich alljährlich mehrere Monate lang in Asien auf dem Gebiet des Verjüngungs- und Gesundheitssystems Hui Chun Gong weiter.

Monnica Hackl

# Time Line

Die neue Therapie
zur Heilung von Traumata und
körperlichen Beschwerden

Knaur
MensSana

Hinweis zur Rechtslage

Alle Behandlungsvorschläge, Ratschläge und Hinweise in diesem Buch sind von der Autorin sorgfältig geprüft und erprobt worden. Eine Garantie kann dennoch nicht übernommen werden. Eine Haftung der Autorin bzw. des Verlages für Personen-, Sach- und Vermögensschäden ist daher ausgeschlossen. Die im Buch beschriebenen Methoden können bei ernsthaften gesundheitlichen Problemen eine Behandlung durch Ärzte oder Heilpraktiker nicht ersetzen.

Besuchen Sie uns im Internet: www.droemer-knaur.de
Alle Titel aus dem Bereich MensSana finden Sie im Internet unter
www.knaur-mens-sana.de

Vollständige Taschenbuchausgabe 2004

Knaur Taschenbuch. Ein Unternehmen der Droemerschen Verlagsanstalt
Th. Knaur Nachf. GmbH & Co. KG, München

Umschlaggestaltung: Werbeagentur ZERO, München
Druck und Bindung: Nørhaven Paperback A/S
Printed in Denmark
ISBN 3-426-87213-7

2 4 5 3 1

*Bewegt und mit wechselnden Gefühlen gewahren wir den Fluss der Zeit. Er trägt uns vom Gestern ins Heute und vom Heute ins Morgen. Unaufhaltsam strömt er dahin ... Dennoch sind wir nicht vergessen, wir sind nicht dem blinden Schicksal ausgeliefert und der Strudel der Zeit verschlingt uns nicht.*

Katholisches Gesangbuch der deutschsprachigen Schweiz 1998

# Inhalt

# Vorwort

In der Natur geht nichts verloren. Vor allem gestresste Menschen sind oftmals genial im Verdrängen. Sie wissen meistens nicht, warum sie falsch reagieren oder krank werden. Auch den guten Psychotherapeuten gelingt es bei solchen Menschen häufig nicht, »verschüttete« Daten aus dem Unterbewusstsein erkennbar zu machen. Die vorgestellte Methode macht es möglich, den Menschen ihre vergangenen, unbewussten Speicher zu öffnen und mit Hilfe von neurolinguistischer Programmierung belastende Ereignisse zu löschen.

Dieses Buch sollte von allen, die therapeutisch mit Menschen umgehen, gelesen werden. Man erfährt hier, wie man verantwortungsbewusst mit einer bislang unbekannten Methode umgeht, die von großer Kompetenz und einem reichen Erfahrungsschatz der Autorin zeugt.

Solange die Menschheit besteht, gibt es Dinge, die mit den jeweils aktuellen technischen Möglichkeiten nicht erfassbar und standardisierbar sind und deshalb oft geleugnet werden. Wir können bis heute die in diesem Buch beschriebenen seelischen Vorgänge nicht exakt messen und trotzdem ist diese Therapieform für ausgewählte Personen wirkungsvoll und segensreich.

*Dr. med. Rainer Wander*

# 1. Die Geschichte der Zeit

Der griechische Philosoph Aristoteles (gest. 322 vor Chr.) hat in seinem berühmten Werk »Die Physik«* einen großen Abschnitt dem Phänomen der Zeit gewidmet. Er erörtert darin, auf welche Weise die Menschen die Zeit empfinden und wie sie sich in der Zeit bewegen. Besonders bemerkenswert ist dabei, dass er eine lineare Auffassung der Zeit vertritt; d.h. er stellt sich den Ablauf der Zeit in einer geraden Linie vor, die sich von Zeitpunkt zu Zeitpunkt und von Ereignis zu Ereignis fortschreibt. Diese Vorstellung scheint auch dem menschlichen Empfinden und Erleben der Zeit zu entsprechen. Legen Sie dieses Buch einmal aus der Hand und erinnern Sie sich an Ihre Kindheit: Wie war das, als Sie noch die Schule besuchten? Wie wird der morgige Tag verlaufen, wie der nächste Urlaub? Wie haben Sie die Zeit empfunden, als eine drängende Aufgabe fertig gestellt werden musste? Und wie umgab Sie die Zeit, als Sie an einen alten Baum gelehnt im Grase saßen? Und wie, als Sie so schnell wie möglich mit Ihrem Kind, das sich schwer verletzt hatte, in ein Krankenhaus fahren mussten?

Vielleicht erleben Sie schon bei diesem einfachen Gedankenspiel eine Vorstellung davon, wie *Ihr* per-

---

* Vgl. Aristoteles, »Philosophische Schriften«, Reclam Universalbibliothek, Diezingen o. J., S. 202–223

sönliches Empfinden der Zeit in gewissen Momenten angeordnet ist.

Die christliche Religion und Kultur ist ohne das Eingebundensein in den Ablauf der Zeit nicht denkbar. Aber auch in allen anderen Religionen ist immer wieder von Zeitabläufen, Fristen und den sich jährlich wiederholenden Fest- und Gedenkzeiten im Jahresablauf die Rede. Man kann sogar noch weiter gehen: Es gibt keine Religion, die nicht feierliche Zeiten, Zeiten der Besinnung, Tage und Wochen besonderer Aufmerksamkeit und mit besonderem Inhalt kennt. Vom jeweiligen spezifischen, religiösen Gehalt einmal abgesehen, scheinen die Religionen den Menschen auch in einen sich jährlich wiederholenden Ablauf einzubinden. Ähnliches erleben wir in der Natur mit ihrer Abfolge der Jahreszeiten, in der sich Frühling, Sommer, Herbst und Winter in steter Folge abwechseln. Auch in denjenigen Klimazonen, die nur zwei Jahreszeiten kennen, wie etwa Trocken- und Regenzeit in den Tropen oder Sommer und Winter in der Arktis werden diese Zeiten ganz bewusst mit festgelegten Ritualen eingeleitet und begangen. Man kann mit Bestimmtheit sagen, dass es kein menschliches Leben ohne Eingebundensein in die Zeit gibt, auch wenn uns das heute nicht mehr so bewusst ist.

In den folgenden zwei Beispielen möchte ich zeigen, dass trotz aller Entfremdung des modernen Menschen eine Nichtbeachtung der Zeitabläufe und ihrer ganz eigenen Würde, Unbehagen oder gar Spott hervorrufen kann. Wer kennt nicht das befremdliche Gefühl, wenn im sonnig-herbstlichen September die ersten Lebkuchen und Nikoläuse in den Regalen der Supermärkte stehen und kurz nach dem Entfernen der

Silvesterraketen Osterhasen und Osterdekorationen unser Empfinden für das, was in die nachweihnachtliche Zeit hineinpasst, nachhaltig stören. König Salomon sagte vor einigen tausend Jahren im Alten Testament in tiefer Weisheit: Ein jegliches Ding hat seine Zeit, das Lieben hat seine Zeit, das Sterben hat seine Zeit …

Und wer kennt nicht die Menschen, die ihre Zeit irgendwie verpasst haben: den jungen Mann, der schon immer irgendwie alt ausgesehen hat, die Frau, die in einer Zeit stehen geblieben ist, in der noch Rüschen und farbige kurze Röckchen getragen wurden, den alternden Mann, der immer noch den jugendlichen Latin Lover spielt. Die Engländer haben für diesen Zustand ein köstliches Sprichwort: »Mutton dressed as lamb!« (Ein Schaf, das sich wie ein Lämmchen kleidet.) Ein eher trauriger Zustand, der unser Mitleid oder unseren Spott hervorruft und uns zeigt, wie wichtig es ist, die Zeit und ihre Abläufe zu beachten und zu würdigen.

Früher noch als Aristoteles und die Weltreligionen hatten Schamanen ein ganz bestimmtes, nämlich ein lineares, fliessendes Konzept der Zeit, den Fluss der Zeit, aufgestellt. Die ältesten Zeugnisse des Schamanismus in Europa sind etwa 70 000 Jahre alt (Drachenloch in der Schweiz). Bei dieser Zeitangabe handelt es sich jedoch nur um eine ungefähre Schätzung, denn neuere Forschungen brachten ans Licht, dass die Geschichte der Menschheit viel älter ist, als man bisher angenommen hatte.

Angemerkt sei noch, dass es unzählige Definitionen der Zeit gibt. Besonders die neueren Erkenntnisse der Physik besagen, dass es eigentlich gar keine Zeit gebe, d.h. dass die Zeit, wie wir sie uns im Allgemeinen vorstellten und erlebten, nicht wirklich existiere. Alles, Vergangenheit, Gegenwart und Zukunft, existiert nach dieser Theorie gleichzeitig – nur wir Menschen machen einen Unterschied, indem wir, in einer fiktiven, illusorischen Welt lebend, uns an Zeitabläufen gleichsam festhalten. In Wirklichkeit existiert der grosse »Eintopf« der Zeit immer und ist jederzeit gegenwärtig, wir heben nur ab und zu den Deckel auf, um den kleinen Aspekt der Zeit zu betrachten, in dem wir gerade gefangen sind.

Eine ganz ähnliche Auffassung findet sich im japanischen Zen-Buddhismus und anderen östlichen Religionen. Soviel Wahres an dieser Ansicht auch sein mag, konnte ich während meiner vielen Aufenthalte in Asien doch nicht beobachten, dass dieses Konzept befreiend auf die Menschen wirkt. Denn mit diesem Modell der Zeit fühlen sie sich in das unaufhörlich kreisende Rad, den Strudel der nicht endenden Wiedergeburten hineingezwungen. Das Leben wiederholt sich quälend, und zwanghaft wird der Mensch zwischen seinen verschiedenen Leben endlich bis zum Sandkorn abgeschliffen – so lange, bis nichts mehr übrig bleibt. Dieses Nichts wird dann verständlicherweise als Erlösung empfunden.

Auch die Verantwortung, die jeder Einzelne für sein eigenes Leben und seine Handlungen übernehmen muss, kommt in diesem Konzept zu kurz, denn jeder hat ja buchstäblich endlos viel Zeit. Da aber die Zeit unendlich ist und keiner aus dem Rad der Wiedergeburten aussteigen kann, darf man sich auch mit seiner Entwicklung Zeit lassen: Was nutzt es denn zu versuchen, jetzt und in diesem Leben einen persönlichen und spirituellen Durchbruch voranzutreiben, wenn er vom Schicksal nicht vorgesehen ist?

Die östlichen Religionen mit ihren so anderen Theorien der Zeit, der Wiedergeburt, des Karmas, die in den letzten zwanzig Jahren vom Westen begeistert als befreiende Konzepte aufgenommen wurden, werden also von den religiösen Menschen dort keinesfalls immer als so befreiend empfunden. Bei ihnen herrscht eher die Auffassung vor, in diesem Rad der Zeit gefangen und vieler gestalterischer Möglichkeiten beraubt zu sein. Die Vorstellung, dass die Zeit wie eine Linie oder ein Fluss dahinströmt, kommt vor allem uns westlichen Menschen mehr entgegen, denn sie beinhaltet die tröstliche Gewissheit, dass auch schwierige Zeiten einmal ein Ende haben und hinter uns liegen werden und bessere, zukünftige Zeiten vor uns liegen. Dazu kommt noch, dass wir für das, was wir tun, auch Verantwortung übernehmen müssen, denn wir lernen unsere Lektionen nur aus unseren Erfahrungen in der Zeit. Wir können also in unser Leben so eingreifen, dass auch die Zukunft gestaltet wird und das Gute bringt, das wir uns wünschen.

Das meint der Dichter Angelus Silesius, wenn er in seinem »Cherubinischen Wandersmann« sagt:

***»Zeit ist gleich Ewigkeit und Ewigkeit gleich Zeit, so du nicht selber machest einen Unterscheid.«***

## 2. Die Theorie Dr. Hamers zur Krebsgenese

Der deutsche Arzt Dr. Ryke Hamer entwickelte eine Theorie, nach der ein in der Vergangenheit liegender Konflikt, der in persönlicher Isolation erlebt wurde, eine auslösende Ursache für zukünftige schwere Erkrankungen wie zum Beispiel Krebs sein kann. Er kam nach mehreren Schicksalsschlägen, die zum Tode seines Sohnes und seiner Frau führten, zu diesen Erkenntnissen. Und er blieb nicht nur bei dieser Theorie, es ist ihm auch gelungen diese These wissenschaftlich mittels der Computertomographie zu beweisen.*

Das folgende Beispiel soll die unterschiedlichen Möglichkeiten aufzeigen, mit denen Menschen auf ein dramatisches Ereignis reagieren können. Eine Mutter, deren Kind bei einem Verkehrsunfall zu Tode kommt, wird natürlich dadurch mit schwerem Leid und mit seelischen Schmerzen konfrontiert. Diese natürliche Trauer zu durchleben ist jedoch normal und notwendig und hat keine schädlichen Auswirkungen. Kommt jedoch zu der angemessenen Trauer um ihr Kind ein heimliches Schuldgefühl hinzu, weil sie den Unfall möglicherweise hätte verhindern können, und kann oder will sie sich mit einem anderen Menschen über dieses Problem nicht austauschen,

* Vgl. Hamer, Dr. Ryke Geerd: »Vermächtnis einer neuen Medizin«, Köln 1987, ders. »Krebs. Krankheit der Seele«, Köln 1989

dann sprechen wir von einem isolativen Konflikt. Dieser Konflikt wird für sie unlösbar und begleitet sie ein ganzes Leben lang.

Die Isolation ist meines Erachtens nicht die einzige Komponente bei diesem Geschehen. Der Betroffene hat in diesem Fall auch keine Strategie, kein inneres Konzept, um mit diesem Geschehen umzugehen. Im obigen Beispiel könnte die Mutter zum Beispiel einen religiösen Kontext finden, der es ihr möglich machte, den Unfall in einem anderen Licht zu sehen. Sie könnte ihn etwa als schicksalhaften Vorgang verstehen, auf den sie keinen Einfluss hatte. Viele Er-Lösungsmöglichkeiten böten sich hier an. Wenn es nicht so wäre, wenn es nicht andere Strategien gäbe, um mit den Schrecken des Lebens fertig zu werden, wären alle Menschen, die eine schweres Schicksal hatten, auch schwer krank.

Dr. Hamer wies durch Tausende von Computertomogrammen des Gehirns nach, dass ein isolativ erlebter Konflikt eine winzige Läsion, eine Verletzung im Gehirn erzeugt, die auf die dem betroffenen Teil des Gehirns zugeordnete Körperzone Einfluss nimmt. Im korrespondierenden Organ kann durch diese störende Einwirkung eine Erkrankung entstehen.

Nach Hamer erfolgt die Heilung dann, wenn der Konflikt über Gespräche gelöst wird. Aber auch andere Lösungen sind möglich: Klärung der Situation mit allen beteiligten Personen, Kommunikation, Vergebung und Wiedergutmachung, eben alles, was den Ursprungskonflikt aus der Isolation, dem in einsamer Verantwortung erlebten Geschehen herausholt und in die heilende Gemeinschaft mitfühlender Menschen hineinstellt.

Der Beginn dieser Heilung ist, ebenfalls auf dem Computertomogramm, zu sehen. Der Körper schaltet dann von der quälenden Sympathikotonie (erhöhte Erregbarkeit des sympathischen Nervensystems) auf die erlösende, befreiende Vagotonie (Betonung des parasympathischen Nervensystems) um. Unter starkem Stress gerät der Körper nämlich unter den dominierenden Einfluss des sympathischen Nervensystems. Das zeigt sich zum Beispiel darin, dass der Betreffende innerlich sehr angespannt ist und nicht mehr richtig schlafen kann, er friert viel und kann das verursachende Geschehen nicht mehr vergessen. Tag und Nacht wird er von dem auslösenden Ereignis gedanklich gequält und findet keine Herzensruhe mehr. Langsam verfällt der Körper und verliert an Energie, der Betreffende wird blass, schwach, müde und kraftlos.

Nach Lösung des Konflikts gewinnt das parasympathische Nervensystem wieder die Oberhand: Die Körpertemperatur wird wärmer, der Betreffende fühlt sich entspannt, bekommt eine rosige, gut durchblutete Haut und fällt endlich wieder einmal in einen erholsamen Schlaf. Die Heilung kann beginnen. Im Falle von Krebs wurde tatsächlich mehrfach nach einem klärenden Gespräch die Rückbildung von Karzinomen beobachtet. Trotzdem plädierte Hamer dann für eine Operation, wenn ein raumverdrängender Prozess stattgefunden hatte, der Tumor also schon zu groß geworden war. Das von Dr. Hamer in seinen Büchern ausführlich dargelegte System habe ich hier nur sehr vereinfacht geschildert, denn in Wirklichkeit herrscht ein ausgewogenes Wechselspiel zwischen dem sympathischen und parasympathischen Nervensystem.

Dr. Hamer hat mit seiner Forschung einen wertvollen Beitrag zur modernen Medizin geleistet. Mit diesem neuen Wissen wird man von nun an anders mit schweren seelischen Konflikten umgehen und bei schweren Erkrankungen auch nach den zugrunde liegenden seelischen Konflikten suchen.

Wir wissen jedoch, dass Dr. Hamer durch sein unkluges und teilweise unverständliches Verhalten im Falle einer jugendlichen Patientin kontroverse und ablehnende Reaktionen in den Medien hervorgerufen hat. Er wurde in der Presse verunglimpfend als »Wunderheiler« und nicht mehr als Arzt betitelt, sein wissenschaftliches Werk und seine umfangreichen, bestens dokumentierten Forschungen wurden mit keiner Silbe gewürdigt oder auch nur erwähnt. So kam es leider dazu, dass, teils durch sein eigenes Verschulden, teils durch reißerische Berichterstattung der Medien, eine wichtige Forschung und Bereicherung der Heilkunde der Öffentlichkeit vorenthalten und der Lächerlichkeit und Empörung preisgegeben wurde. Er selbst und seine Entdeckung wurden durch staatsanwaltschaftliche Ermittlungen in einen kriminellen Kontext gebracht.

Von verschiedenen Personen, die ihn persönlich auf Vorträgen erlebten, wurde ich kürzlich darauf hingewiesen, dass sich die Persönlichkeit Hamers wahrscheinlich auch unter dem immensen Druck dieser äußeren Umstände leider sehr zu seinen Ungunsten entwickelt habe: Er befleißige sich immer häufiger fanatischer und befremdlicher Äußerungen, so dass er im allgemeinen nicht mehr zitiert wird.

Ich möchte mich jedoch durch diese späteren Verirrungen nicht davon abhalten lassen, seine Arbeit zu würdigen: Seine ursprünglichen Entdeckungen über die Auswirkungen von schweren seelischen Konflikten auf Körper und Gesundheit und die Entstehung bedrohlicher Erkrankungen sind ein großer Fortschritt bei der Behandlung dieser Krankheiten. Mit dieser Meinung stehe ich nicht alleine, sondern befinde mich im Konsens mit vielen Ärzten und anderen Therapeuten, die ganzheitliche Medizin und Naturheilverfahren betreiben. Das besondere Verdienst Hamers ist, dass er ermöglichte, die emotionalen Blockaden mit Hilfe des Computertomogramms als tatsächliche, lokale, körperliche Läsionen im Gehirn nachzuweisen.

Der amerikanische Psychologe Robert Dilts schildert in seinem Buch »Identität, Glaubenssysteme und Gesundheit« die Geschichte seiner schwer kranken Mutter. Sie litt an metastasierendem Brustkrebs, die Ärzte stellten ihr eine schlechte Prognose und sprachen davon, ihr die letzte Zeit zu erleichtern. Dilts arbeitete mit den verschiedensten psychologischen Methoden, um die blockierten Gefühle seiner Mutter zu befreien. Sie wurde anschließend vollkommen gesund und zeigte danach keinerlei Anzeichen von Krebs mehr.

Ich frage mich in diesem Zusammenhang, ob ein Teil der Entdeckung Dr. Hamers nicht in der Erkenntnis besteht, dass Gefühle, die in einem bestimmten Zeitabschnitt der Vergangenheit durchlebt wurden, sich auf die Gegenwart und Zukunft des Körpers auswirken können und dass es wichtig ist, diese Gefühlsblockaden wieder aufzulösen, um ganz gesund zu werden. Genau das hat nämlich Robert Dilts getan, als er sich ans Krankenbett seiner Mutter setzte, um ihre verletzten Gefühle aufzuarbeiten.

Wie dem auch sei, wir werden der Idee Hamers in diesem Buch des öfteren wieder begegnen. Eine ganz ähnliche Vostellung liegt nämlich auch dem uralten, schamanischen Konzept zugrunde, bei Erkrankungen und Störungen die Heilung im »Fluss der Zeit« zu suchen, in dem Vergangenheit, Gegenwart und Zukunft ähnlich gespeichert sind wie in unserem Gehirn. Hamer beschreibt den heilenden Wechsel von der Sympatikotonie zur Vagotonie so: Die Person wird rosig, eine angenehme Wärme steigt auf, Falten glätten sich, weil die Anspannung der Muskeln geringer wird. Der Betroffene kann wieder schlafen und fühlt sich entspannt, wohlig und stark. Genau diesen Prozess kann man auch nach gelungener schamanischer Arbeit oder einer erfolgreichen Time-Line-Anwendung beobachten.

## 3. Der Fluss der Zeit

Schamanismus ist streng genommen ein sibirisches und zentralasiatisches Phänomen, wie der Religionswissenschaftler Mircea Eliade feststellte. Dementsprechend leitet sich das Wort Schamane auch aus den Sprachen des Ostens ab, aus dem Tunguischen, Ostsibirischen, Mandschurischen, Mongolischen, Turkmenischen usw. Die Vorsilbe *Sha* oder *Sa* aus dem Tunguisch-Mandschurischen kommt von *Sa* = *Wissen*. Ein Schamane ist also in erster Linie einer, der mehr weiß als andere, weil er hinter die alltägliche Wirklichkeit, die alle sehen können, sieht. Schamanismus ist immer mit einer visionären Begabung verbunden. Der Schamane erkennt zum Beispiel die Ursachen einer Erkrankung, die in einer anderen Wirklichkeit liegen, er reist in einem leichten Trancezustand in diese andere Wirklichkeit und sorgt dort für Heilung. Die Handlungen im schamanischen Bewußtseinszustand (einer Alpha- oder Theta-Wellentätigkeit des Gehirns) müssen sich sofort im Hier und Jetzt auswirken, d.h. der Kranke erfährt eine deutliche Besserung seines Zustandes.

Im Schamanismus glaubt man an das Konzept von drei Welten, die wie Sphären übereinander liegen und durch eine Achse, die Weltenzeder, miteinander verbunden sind: Unsere Erde, auf der wir leben, bildet die mittlere Welt. Über uns liegt die obere Welt, der Himmel. Unter uns liegt die untere Welt, die in der abendländischen Kultur als Hölle bekannt ist. Ohne hier tiefer auf dieses Konzept eingehen zu wollen, möchte ich nur einen kleinen, aber gewichtigen Unterschied in der Schreibweise aufzeigen: Nur ein Buchstabe muss ausgetauscht werden, und die sogenannte HÖLLE wird zur HÖHLE des Wissens, als die sie von den Schamanen betrachtet wird.

So märchenhaft und primitiv diese Vorstellung für uns heute auch klingen mag, ihre Wurzeln sind tief in der abendländischen Kultur und Kunst verankert und werden als heute nicht mehr verstandene Chiffren bis in unsere jetzige Zeit hineingetragen. Ich denke da an die byzantinische, romanische und gotische Kirchenkunst, in der die schamanischen Welten ganz selbstverständlich bildhaft dargestellt worden sind. Sogar noch zur Zeit des Barock stellte man die drei Welten der Schamanen auf Altargemälden und Fresken dar. Mit der Darstellung schamanischer Themen in der christlichen Kunst meine ich nicht, dass interne Momente schamanischer Arbeit bildlich dargestellt werden, obwohl auch dies möglich ist, wie zum Beispiel im Tympanon des Domes zu Isen (Christus zeigt hier eine spezielle Technik zur Überwindung des Drachens), sondern dass das Modell der drei Welten von den Schamanen übernommen wurde.

Die schamanischen Themen in der christlichen Kunst möchte ich hier nur kurz anführen, denn das wäre das Thema einer anderen Arbeit: Die Akzeptanz der drei Welten und ihrer Eigenheiten, die Darstellung hervorragender Personen (Heiliger) mit ihren persönlichen Krafttieren und Kraftobjekten, Geistwesen (Engel), die den Menschen Botschaften übermitteln, die Akzeptanz einer Geisterwelt, symbolhafte Tiergeister usw. Auch hier gilt der uralte Grundsatz: Man sieht nur, was man kennt. Daher bleiben den meisten Zeitgenossen die in der christlichen Kunst offen gelegten Geheimnisse dieser Welten verborgen, die wir sonst nur noch aus der Volksliteratur kennen.

In diesem Wissen zu Hause und beinahe zwei Jahrzehnte mit schamanischen Heilweisen arbeitend, war ich sehr überrascht, in einer neuen, synkretistischen Psychologieform, dem Neurolinguistischen Programmieren (NLP) das schamanische Element der Zeit als Linie wiederzufinden. Man nennt sie hier »Time-Line«, also »Zeitlinie«, denn der Zeitenfluss wird hier seiner lebendigen Mystik beraubt und nur als gerader Strich, als Linie gesehen. Psychologen wie Robert Dilts, Richard Bandler und Tad James haben unter anderem mit diesem Konzept gearbeitet, wobei letzterer so weit ging, sich den Begriff »Time-Line-Therapy« schützen zu lassen. Dadurch wurde in einem kühnen Handstreich uraltes Wissen dem Copyright unterworfen und vermarktet. Nach meiner anfänglichen Verblüffung erkannte ich jedoch, dass diese Profanisierung schamanischen Wissens sogar gewisse Vorteile mit sich bringt.

Bevor auf diesen Punkt eingegangen wird, möchte ich jedoch die ursprüngliche schamanische Arbeit am Fluss der Zeit schildern. Jede der schamanischen Welten hat eine ganz bestimmte Funktion im kosmischen System. So ist in der oberen Welt nach schamanischer Auffassung unter anderem auch der Ablauf der Zeit zu Hause. Sinnbild dafür ist der Fluss der Zeiten, der langsam und gemächlich von links nach rechts durch die Oberwelt fließt. Ein sehr schönes Bild vom Fluss der Zeit gibt uns M. C. Escher in seinem Holzschnitt

»Tag und Nacht«. Er zeigt eine Flussschleife, in der sich der Wechsel zwischen Tag und Nacht abspielt. Die Schleife des Flusses ist nach schamanischer Auffassung der aktuelle Abschnitt der Gegenwart, die linke Seite des Flusses ist die Vergangenheit und die rechte die Zukunft.

Alles, was jemals geschehen ist (und was noch geschehen wird), ist dort aufgezeichnet und gespeichert – ähnlich wie in unserem Gehirn. Denn auch, wenn wir glauben, etwas längst vergessen zu haben, so »schlafen« diese Ereignisse und Erlebnisse nur und wirken in uns weiter, selbst wenn wir uns aktiv nicht mehr daran erinnern können. Wenn uns die Vorstellung, dass alles immer anwesend ist, bedrückend erscheinen mag, so liegt doch auch ein großer Trost darin; denn wenn alles aufgezeichnet ist, was wir erlebt haben, dann ist es uns auch noch später zugänglich und möglicherweise auch zu verändern. Um im Fluss der Zeit Heilung zu finden, muss man als Erstes in der Lage sein, eine Trancereise in die obere Welt zu machen. Mit Trance ist im Visionsschamanismus die Fähigkeit gemeint, die Gehirnwellen willentlich zu verändern. In unserem normalen Alltagsbewusstsein, in dem wir uns die meiste Zeit des Tages befinden, herrscht in unserem Gehirn der Wellentakt von 13–30 Hertz pro Sekunde vor, man spricht dann von den sogenannten Beta-Wellen. Um in den schamanischen Bewusstseinszustand zu gelangen, ist eine Gehirnwellenfrequenz von 4–8 Hertz nötig. Diese Wellen werden Theta-Wellen genannt. Während wir in Beta unseren Alltag tätig vollziehen können, ist das in Theta nicht mehr möglich. Der Schamane liegt während seiner Trancereise auf dem Boden, und alles

Handeln ist verinnerlicht. Im Thetawellenzustand ist das Gefühl der Zeit aufgehoben, das eidetische Sehen (inneres Sehen ohne Mithilfe der Augen) herrscht vor, und es werden vorwiegend Hell-Dunkel-Kontraste mit dem inneren Auge wahrgenommen. So ist es möglich, dass der Betrachter nur eine ruhig daliegende Person wahrnimmt, der Trancereisende selbst jedoch die abenteuerlichsten Vorgänge und Handlungen schildert, die er gerade während seiner Reise erlebt.

Schamanismus ist ohne inneres Sehen nicht möglich. Dieses innere Sehen der anderen Wirklichkeiten oder Welten ist unerlässlich, um dort einen Zugang zu finden. Am Fluss der Zeit angelangt, bittet der Schamane seine Hilfsgeister, ihn zu der Stelle des Flusses zu geleiten, an der das zu heilende Trauma gespeichert ist. Er stellt sich vor, mit ihnen über dem Fluss nach links in die Vergangenheit zu schweben. Der Schamane nimmt dann auf einem hohen Felsvorsprung, der über dem Wasser aufragt, Platz und betrachtet diese Stelle. Die Wasser des Flusses klären sich, und er erkennt ein Bild. Dieses betrachtend, bittet er seine Hilfsgeister der oberen Welt, ihm noch fehlende Erkenntnisse über die gezeigte Situation zufließen zu lassen. Das kann wiederum über innere Bilder, inneres Wissen, aber auch über Symbole oder Worte geschehen.

Nachdem sich der Schamane für diese Erkenntnisse beim Universum bedankt hat, summt er leise sein persönliches Kraftlied vor sich hin und bittet die Wasser, das Bild des schmerzlichen Geschehens wegzuspülen und auszulöschen. Seine Hilfsgeister bleiben bei ihm und geben ihm Sicherheit und Schutz. Sind auch die letzten Reste des traumatischen Bildes weggewaschen, springt er von seinem Felsvorsprung hinab in das Wasser des Flusses, genau in die ehemals belastete Stelle hinein.

Wenn alles gut verlaufen ist und er und seine Hilfsgeister korrekt gearbeitet haben, wird er jetzt an dieser Stelle seines Lebensflusses eine überschäumende Freude und Liebe empfinden. Freudig sieht er zu, wie das nun golden schäumende Wasser dem Lauf des Flusses folgt und bald Gegenwart und Zukunft durchströmt und verändert. Dieser heilende Vorgang, Reise zum Fluss der Zeit genannt, kann oft mehrere Stunden lang dauern und bedarf einer besonderen Konzentration. Diese Technik lebt von der Imagination und erfordert die volle Aufmerksamkeit des Probanden.

In den apokryphen Schriften des Alten Testaments lesen wir von einer Vorstellung, die der oben geschilderten sehr ähnelt. So finden wir im »Leben von Adam und Eva« eine wunderschöne Geschichte: Adam und Eva sind gerade aus dem Paradies vertrieben worden, sie finden nichts zu essen und zu trinken und ihr einziges Bestreben ist, wieder ins Paradies zurückkehren zu können. Adam weist Eva an, sich 37 Tage lang auf einem Stein bis zum Hals in den Fluss Tigris zu stellen, er selbst werde sich 40 Tage lang bis zum Hals in den Fluss Jordan stellen. Wenn die heiligen Flüsse nach Ablauf dieser Frist ihren Frevel weggewaschen und aufgelöst hätten, hofften sie, wieder ins Paradies zurückkehren zu können – eine wunderschöne Parabel, die von dem uralten Wissen zeugt, im Fluss der Zeit wieder heil zu werden. Alles, was krank und unglücklich macht, kann im Zeitenfluss gleichsam weggewaschen werden. Auch der

Fluss der Zeit liegt, wie das Paradies, in der oberen Welt – eine weitere Übereinstimmung.

Dieses uralte Wissen um den Fluss der Zeit, der gemächlich von links nach rechts fließt, ist tiefer in unseren Genen verankert als wir denken, und auch heutzutage noch wirksam. Zu meiner Überraschung fand ich im katholischen Gesangbuch der deutschsprachigen Schweiz, das 1998 erschienen ist, folgende Zeilen:

»Bewegt und mit wechselnden Gefühlen gewahren wir den Fluss der Zeit. Er trägt uns vom Gestern ins Heute und vom Heute ins Morgen. Unaufhaltsam strömt er dahin ... Dennoch sind wir nicht vergessen, wir sind nicht dem blinden Schicksal ausgeliefert und der Strudel der Zeit verschlingt uns nicht.«*

Und das ist in der Tat so: Seit Jahrtausenden arbeiten Schamanen an psychischer und physischer Heilung, indem sie sich zum Fluss der Zeit begeben, um dort zu korrigieren, was unheilsam auf den Menschen einwirkt. Die Folgen dieser schamanischen Handlungen sind von großer Wirkung und Bedeutung für das menschliche Leben, wie ich des Öfteren durch eigene schamanische Arbeit in den drei Welten erleben durfte.

Um erfolgreich schamanisch arbeiten zu können, bedarf es jedoch mehrerer Komponenten, die unabdingbar sind. Zum einen muss der Betreffende fähig sein, willentlich in Trance zu gehen und diese Trance dann auch aufmerksam halten zu können und zwar so lange, bis die schamanischen Handlungen vollendet

---

* Katholisches Gesangbuch der deutschsprachigen Schweiz, Zug 1998, S. 432

sind. So attraktiv für gewisse Menschen der Begriff Schamanismus auch ist, so abschreckend wirkt er auf andere. Damit scheidet schon eine große Anzahl an Personen aus, die einer solchen Heilung bedürften, aber aus den verschiedensten Gründen voreingenommen gegen diese Methode sind.

Als wichtigstes möchte ich hier zuletzt noch die beiden entscheidenden Punkte ansprechen, mit denen der Erfolg einer schamanischen Arbeit steht und fällt: die besondere Fähigkeit und das Können des Schamanen. Da Schamanentum letztlich eine Berufung und kein »Job« ist, den man sich jederzeit aneignen könnte, ist nicht jeder, der es gerne sein will, ein Schamane. Die Entscheidung darüber, wer ein Schamane ist und wer nicht, wird in einer anderen Sphäre getroffen, und wir haben nur die begrenzte Möglichkeit, diesen Ruf anzunehmen oder nicht. Letztlich unterscheidet ihn das Können: Die Wirkung seiner Handlungen gibt ihm Recht. Man kann sich auch denken, dass dieses Feld geradezu ein Tummelplatz menschlicher Eitelkeiten und Machtgelüste ist.

In den vielen Jahren, in denen ich mich mit Schamanismus beschäftigt habe, fand ich zwar großes Interesse vor, aber nur wenige wirklich Befähigte. Die Zahl derer, die es zur Berufung drängt, die aber nicht befähigt sind, steht einer sehr kleinen Zahl wirklicher Könner gegenüber. Das ist auch nicht weiter verwunderlich: Auf der ganzen Welt gibt es nur eine Handvoll hervorragender Pianisten und dagegen Tausende von Menschen, die Klavier spielen – und vielleicht gerne große Pianisten wären.

Mit diesem Streben nach nicht vorhandenen Fähigkeiten kommen wir in die Nähe der im Volksmund so genannten »schwarzen Magie«. Dass die Aussendung elektromagnetischer Emissionen eine zelluläre Wirkung haben kann, wurde mittlerweile durch die Photonenlehre bewiesen. »Schlechte« oder »Möchtegern-Schamanen« programmieren leider schlechte Informationen. Diese werden dann anderen übertragen oder geschickt, wodurch der Schamane selbst eine relative Besserung erfährt. Nur mit positiven Vorgaben zu arbeiten ist das Kennzeichen der Meisterschamanen, die mit Leben spendenden Handlungen und Informationen operieren.

# 4. Heilung im Fluss der Zeit – Die Technik der Schamanen

Der Fluss der Zeit bietet eine Fülle von Möglichkeiten, um heilend und klärend auf das Leben einwirken zu können. Sei es nun bei gesundheitlichen oder bei seelischen Problemen. Allerdings ist die genaue Topographie der oberen Welt oder des Himmels, denn dort befindet sich der Fluss der Zeit, nur wenigen Schamanen bekannt. Ein noch geringerer Teil hat Erfahrung mit den Chancen und den Veränderungs- und Erkenntnisprozessen, die dort möglich sind. Diese Prozesse wirken tief in unsere materielle, körperliche Welt hinein.

Die Homöopathie hat den Satz aufgestellt:

»Es gibt keine Krankheiten,
es gibt nur kranke Menschen.«

Damit ist gemeint, dass sich zum Beispiel derselbe Infekt bei verschiedenen Personen jeweils anders auswirken kann. Je nach dem, welches Individuum davon betroffen ist, neigt der eine dabei zum Schwitzen, der andere friert, einem dritten tun alle Knochen weh usw. Die Homöopathie gibt immer dem einzelnen Menschen das Mittel für seine ganz persönlichen Beschwerden, auch wenn alle von der Diagnose her an derselben Krankheit leiden.

Diese Erkenntnis ist sehr weise, denn jeder Mensch trägt eine »Datenbank« in sich, in der alle Informationen über seine Beschwerden und Probleme gespeichert sind. Diese Datenbank, die sowohl im Gehirn als auch im Zellgedächtnis sitzt, steuert die Erscheinungen auf der körperlichen Ebene, d.h. *wie* eine Störung sich körperlich auswirkt, hängt mit der jeweils ganz persönlichen Steuerungsebene zusammen. Aus diesem Grund sind die Reaktionen auf dieselben Reize auch so verschieden wie es unterschiedliche Menschen gibt.

Daher kann an ein und demselben Ereignis (zum Beispiel Krieg) oder einer persönlichen Lebenskrise der eine Mensch zerbrechen und der andere stark werden. Ein wirtschaftlicher Bankrott kann beim einen ungeahnte Kräfte und Phantasie mobilisieren, während ein anderer daraufhin in Depression versinkt. Daraus folgt, dass die persönliche Innenwelt die Informationen und damit erfreulicherweise auch die Lösungen für alle negativen Erscheinungen in sich birgt.

Diese innerkörperliche Datenbank hat ihre Entsprechung im Fluss der Zeit in der oberen Welt. Denn die Vergangenheit ist nicht tot, sondern sie ist im Fluss der Zeit ganz präsent und jederzeit abrufbar, wie die Schamanen seit alters her wissen. Wenn wir also im Fluss der Zeit etwas an der Vergangenheit verändern und bearbeiten, dann wirkt sich das mit Sicherheit über die interne, biologische Steuerung auch auf den Körper aus. Ich habe hier ganz erstaunliche Dinge gesehen. So hustete ein Patient mit einer Krebserkrankung einige Wochen nach diversen schamanischen Arbeiten seine Metastasen aus der Lunge, bei einem anderen kapselte sich ein diffuses Karzinom ab und ließ sich dann leicht operativ entfernen. Andere Personen, die in großen psychischen Schwierigkeiten waren, fanden zu innerer Freiheit und mussten nicht mehr seelisch leiden, obwohl sich an der Situation selbst zunächst noch nicht so viel geändert hatte.

Wie sieht also diese Arbeit im Fluss der Zeit aus? Man kann alleine oder zu zweit diese Reise in seine Vergangenheit unternehmen. Man legt sich dabei am besten hin und bedeckt die Augen mit einem Schal oder einem Tuch. Sorgen Sie während dieser Reise für Entspannung durch angenehme Musik und nehmen Sie sich zwanzig Minuten Zeit. Überlegen Sie, welches körperliche Problem Sie als Erstes bearbeiten wollen. Nun stellen Sie sich vor, dass Sie mit dem Rauch eines Feuers kreisförmig nach oben zum Fluss der Zeit schweben. Je höher Sie schweben, desto entspannter und wohliger fühlen Sie sich. Bald schweben Sie über der Flussschleife, die die aktuelle Gegenwart Ihres Lebens darstellt.

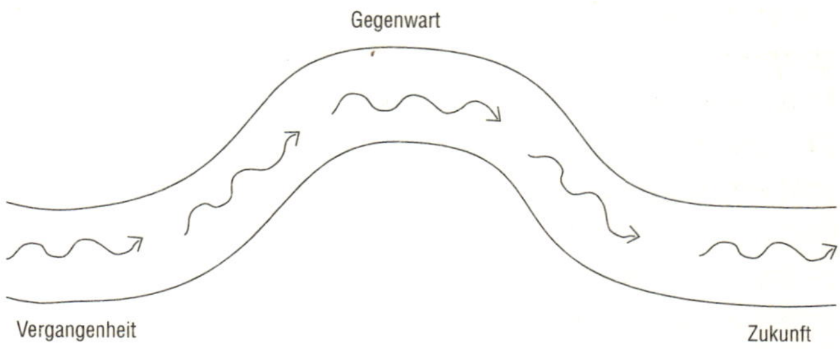


**Abb. 1:** Die Flussschleife der Gegenwart im Fluss der Zeit

Sprechen Sie die innerliche Bitte aus, dass diejenige Stelle auf dem Fluss der Zeit flimmern soll, an der die auslösende Ursache gespeichert ist. Lassen Sie nun

Ihren Blick nach links in die Vergangenheit schweifen und beobachten Sie den Lauf des Flusses. Sie werden bald bemerken, dass an einer bestimmten Stelle der Vergangenheit das Wasser des Flusses so flimmert, als ob die Sonne darauf scheinen würde.

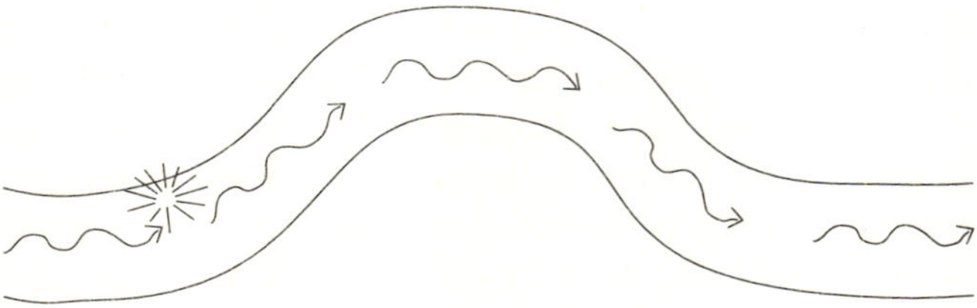

**Abb. 2:** Die flimmernde Stelle des Flusses

Stellen Sie sich dann vor, an dieser Stelle in den Fluss einzutauchen. Nun werden Sie in eine *Raumzone* gelangen. Es kann sowohl ein Zimmer als auch eine Landschaft sein, ebenso ist es möglich, eine Szene zu sehen. Jetzt befinden Sie sich in der Welt Ihres Unterbewusstseins, die aus dem kollektiven Unterbewusstsein Ihres Kulturkreises und Ihrer persönlichen Geschichte, auch der Familiengeschichte gestaltet worden ist. Diesen Ausschnitt Ihrer Welt gilt es nun sinnvoll zu ordnen. Verlassen Sie sich jetzt ganz auf Ihr Gefühl, auf Ihre innere Wahrnehmung. Nehmen Sie den Raum mit allen Sinnen wahr und machen Sie eine Art innere Bestandsaufnahme. Die folgende Aufstellung gibt ein Beispiel dafür, wie viele Möglichkeiten in Frage kommen können:

Die Szene liegt im Dunkeln …
Der Raum wirkt muffig …
Der Raum wirkt kahl …
Bedrohliche Wolken tauchen auf …
Mein Auto prallt an einen Baum …
Ich werde von einem Soldaten ausgepeitscht …

Gehen Sie jetzt dazu über, diese Raumzone Schritt für Schritt so zu gestalten, dass Sie sich darin wohl fühlen. Bei einem Bild, das dunkel wirkt, knipsen Sie das Licht an, stellen Kerzen auf, rufen die Sonne mit ihren warmen, hellen Strahlen. Ist der Raum muffig, dann öffnen Sie Fenster und Türen weit, damit die seidige Frühlingsluft eindringen und ein frischer Wind die abgestandene Luft wegwehen kann. Wirkt der Raum kahl, so stellen Sie einen Strauß bunter Blumen auf. Fragen Sie ihn, was er braucht, fragen Sie, weshalb er so trostlos wirkt. Drapieren Sie farbige Stoffe, heizen Sie einen Kamin ein, legen Sie üppige Teppiche auf. Die bedrohlichen Wolken könnte ein starker Wind mit sich hinwegtragen, so dass die Strahlen der Sonne wieder auf das Land fallen. All das sind Anregungen, wie Sie diesen Abschnitt Ihres Unterbewusstseins neu ordnen können.

Jetzt kommen wir zu den belebten Bildern, Szenen unseres Lebens oder Bilder aus früheren Leben. Alles liegt nun buchstäblich in Ihrer Hand: Handeln Sie! Verändern Sie das Erlebte so, wie Sie es sich damals gewünscht hätten … und zu Ihrem Besten! Natürlich wissen Sie, dass es in »Wirklichkeit« nicht so war. Sie sind vor zwei Jahren tatsächlich bei Schneetreiben an einen Baum gefahren und haben seitdem Probleme mit der Halswirbelsäule. Vertrauen Sie jetzt auf Ihre

Kraft und verändern Sie die Szene im Fluss der Zeit so, dass Sie den Wagen wieder unter Kontrolle bringen und dem Hindernis ausweichen können. Gehen Sie dabei ganz in das Gefühl der Erleichterung hinein, das Sie empfinden, wenn die Schrecksekunde überstanden ist. Sehen Sie sich selbst gesund zu Hause ankommen und berichten: »Heute wäre ich beinahe an einen Baum gefahren, aber Gott sei Dank konnte ich ausweichen!« Fast immer bessern sich nach einer solchen inneren Arbeit die körperlichen Beschwerden innerhalb von 48 Stunden.

Auch wenn Eindrücke, die nicht aus unserer bekannten Zeit stammen, sondern aus so genannten »früheren Leben« auftauchen, dann verfahren Sie genauso. Niemand muss jedoch an frühere Leben oder die Reinkarnationslehre glauben, um eine solche Arbeit zu tun!! Die Bilder können nämlich sowohl aus dem kollektiven Unbewussten unseres Kulturkreises kommen als auch aus genealogischen Prägungen, die in den Genen gespeichert sind. Genauso wie wir unsere Haar- und Augenfarbe, Statur usw. ererbt, können wir auch Erfahrungen oder die Neigung zu bestimmten seelischen Haltungen mitbekommen haben. All diese Informationen sind in unserem Gehirn gespeichert und können bildhaft auftauchen. Was sie bedeuten mögen, ist und bleibt oft unklar; ähnlich wie in den Märchen und Sagen tauchen archetypische Grundstimmungen auf, die heilend oder klärend auf uns einwirken, auch wenn wir sie nicht verstehen oder tiefenpsychologisch deuten können. Die volle Erkenntnis ist hier aber nicht wichtig oder notwendig. Es ist auch nicht vorteilhaft, sich bei der Arbeit am Fluss der Zeit darüber Gedanken zu machen, weshalb das so geschehen ist, weshalb dieses Bild auftaucht. Denn dieses Grübeln verstärkt wiederum die Tätigkeit der linken Gehirnhälfte. Hier gilt es aber in die Welt der Symbole und Bilder einzutauchen, die im rechten Gehirn ihren Platz haben und im Gegensatz zum direktiven, logischen Denken der linken Gehirnhälfte stehen. Wichtig ist nur, diese Bilder zu verändern und zwar so, dass Sie nichts Aufgezwungenes mehr erleiden! Also, wenn Sie jemand auspeitscht, so reißen Sie ihm die Peitsche aus der Hand und schlagen ihn in die Flucht. Zersprengen Sie die Ketten, die Sie gefesselt halten, fliehen Sie vor Angreifern... Machen Sie wieder lebendig, was erstarrt ist! Es gibt unendlich viele Möglichkeiten, seien Sie kein Opfer mehr! Vielleicht denken Sie beim Lesen: »So einfach soll das sein, das ist ja lächerlich.« Nun, es ist genauso, wie mir vor vielen Jahren ein Zen-Meister in Japan sagte: »Es ist zwar einfach, aber nicht immer leicht.« Aber was geschieht wirklich, wenn Sie in den Fluss der Zeit eintauchen, um die Vergangenheit zu ordnen? Zunächst einmal: Alle inneren Bilder haben mit Ihnen zu tun und zeigen die vielen Aspekte, die Sie haben. Jeder Mensch ist ein gewaltiger Speicher an Informationen. Deshalb sagt man auch: Wenn ein alter Mensch stirbt, dann ist es so, als ob eine ganze Bibiothek verschwindet. Genau das dachte ich mir, als ich vor kurzem von einem Professor für orthodoxe Kirchenmusik aus Alexandria hörte, der im Alter von 104 Jahren noch täglich zur Arbeit in die Universität gehe: Welch unvorstellbares Wissen ist in einem solchen Menschen gespeichert!

Abgelegte Konflikte, Erlebnisse wirken im Zellgedächtnis weiter wie störende Narben; Schattenanteile und verborgene Kräfte und Stärken schlummern hier. Wenn Sie die Vergangenheit bildhaft ändern, ordnet sich das Zusammenspiel all dieser Informationen neu. Eine neue »Datenbank« wird geprägt und wirkt mit heilenden Informationen, wirkt bis in die physische Ebene hinein. Auch seelisch wird befreiende Energie freigesetzt, so dass wir im Laufe der Zeit sagen können:

Ich fürchte nicht,
Ich hoffe nicht,
Ich bin frei.

Dabei ist diese Methode kein Wundermittel, bei dem alle Belastungen wie durch Zauberei nach einer Sitzung verschwinden. Wir ordnen nämlich auf verschiedenen, sich oft überlappenden Ebenen, was sich bruchstückhaft und bildhaft in unser Bewusstsein drängt. Es ist so, als ob wir uns tatsächlich in einem Fluss befinden würden, denn die inneren Bilder fließen und verändern sich stetig. Auf diese Weise klären wir damit das morphogenetische Feld.* Goethe sagt dazu im »Faust«: »Alles Vergängliche ist nur ein Gleichnis, Das Unzulängliche, hier wird's Ereignis.«

Wir gehen mit nur einem Problem an die Arbeit, suchen das entsprechende Bild und arbeiten dann fließend weiter, indem wir Bild für Bild verändern und um Erkenntnisse bitten, auch wenn wir zunächst keinen logischen Zusammenhang sehen. Ich empfehle zu einer einzigen Frage mehrere innere Reisen zum Fluss der Zeit zu unternehmen. Eile ist nicht nötig,

* Vgl. Sheldrake, Rupert: »Das schöpferische Universum«, Berlin 1993

auch wenn die Abstände zwischen den einzelnen Reisen groß sind, denn es ist gut, dem Verarbeitungsprozess genügend Zeit und Raum zu geben. Ebenso empfehle ich zuerst mit einem körperlichen Problem zu beginnen. Erst wenn Sie diese Erfahrung gemacht haben, sollten Sie seelische Störungen bearbeiten. Sie werden erstaunt sein, wie frei es macht, wie frei Sie mit den inneren Bildern umgehen können, wie reichlich die Informationen und Symbole fließen, wenn Sie nur darum bitten und danach fragen.

# 5. Die Zukunft im Fluss der Zeit

Seit altersher wissen Schamanen, dass auch die Zukunft im Fluss der Zeit zu sehen und zu gestalten ist. Moderne Menschen halten das vielleicht für einen primitiven Aberglauben. Aber das Gegenteil ist der Fall; dem schamanischen Wissen liegt ein ganz starker Glaube an einen Schöpfergott zu Grunde: Das Wissen vom Fluss der Zeit, wie auch sämtliche Divinationsmethoden der Schamanen sind von diesem Glauben an das Göttliche geprägt. Da der große Schöpfer das Universum geschaffen hat, ist es auch beseelt. Und der große Geist zeigt seinen Atem in allen Dingen, man muss sie nur zu deuten wissen. So glauben Schamanen, dass es möglich sei, auch die Zukunft positiv zu verändern, wenn das Universum es gestatte. Die Technik ist beinahe dieselbe wie beim Arbeiten mit vergangenen Erlebnissen und Prägungen. Der Schamane begibt sich mit Hilfe des Rauches in die obere Welt. Er schwebt in seinen Gedanken über dem Fluss der Zeit (Gegenwarts-Schleife), dann wendet er den Blick nach rechts und bittet die Zukunft, auf einen bestimmten Menschen oder ein Vorhaben sehen zu dürfen.

Wiederum entsteht ein flimmerndes Licht auf dem Fluss, der Schamane taucht an dieser Stelle ein, und befindet sich mitten in einer Szene. Dieses Bild erfasst er mit allen Sinnen. Oft ist es gar nicht nötig dieses Bild zu verändern, wenngleich auch das möglich ist.

In den meisten Fällen verändert nämlich alleine schon unser Wissen über die Zukunft dieselbe. Hierzu möchte ich ein Beispiel geben: Eine meiner Patientinnen hatte den drängenden Wunsch, nach Irland auszuwandern und ihren gut gehenden Betrieb in Deuschland aufzugeben. Sie war sich jedoch unsicher und wollte wissen, ob sie das auch tun sollte. Ich leitete sie an, zum Fluss der Zeit zu reisen. Dort tauchte sie in die flimmernde Stelle ein und zwar mit der Bitte, den Grund für ihren drängenden Wunsch zu sehen. Sie fand sich augenblicklich in einer Szene aus einem früheren Leben wieder, wo sie in Irland in der Nähe eines Wasserfalls als Kräuterfrau ein sehr friedliches Leben geführt hatte. Spontan verstand sie, dass ihr Wunsch auszuwandern nur eine Art Sehnsucht oder Heimweh nach diesem vergangenen Leben gewesen war. Wenn sie tatsächlich nach Irland gezogen wäre, hätte sie nur etwas wiederholt, was sie schon kannte, und die Aufgabe in diesem Leben verfehlt. Die blitzartige Erkenntnis dieser Information im Fluss der Zeit befreite sie sofort von ihrem Wunsch und setzte neue Kräfte in dieser Welt frei.

Auf eine ähnliche Weise ist es möglich, erahntes Unglück abzumildern. Es gibt Menschen, die sich vor Träumen fürchten, in denen sie Unfälle oder ein Unglück sehen, das dann tatsächlich auch eintrifft. Häufig verbieten sie sich dann zu träumen, d.h. sie verzichten lieber ganz auf ihre Träume, als wieder einmal mit ihren Voraussichten Recht zu haben. Wäre es nicht gut, wenn diese Menschen wüssten, dass es im Universum die schöne Möglichkeit gibt, das gesehene Unheil so umzuwandeln, dass kein Unglück mehr daraus entsteht! Bei dieser Reise in die Zukunft wird ebenfalls das Bild in der Zukunft und im Fluss der Zeit verändert. Immer ist eine Abmilderung des Geschehens zu erwarten. Dafür mögen folgende Beispiele stehen:

Eine Frau träumte von einem Unfall, den ihre Familie mit dem Auto hatte. Sie sah einen Frontalzusammenstoß mit einem Lastwagen in der Nähe ihres Hauses. Da sie mit ihrer Familie eine längere Reise vorhatte, war sie sehr beunruhigt. Nachdem sie das Geschehen im Fluss der Zeit abgemildert hatte, trat Folgendes ein: Einige Wochen später, auf ebendieser Reise, setzte der Motor des Wagens gerade gegenüber einer Tankstelle aus, so dass sie von dort sofort Hilfe bekamen. Ein Bremskabel war gerissen. Die Reparatur kostete einige hundert Mark, aber niemand war zu Schaden gekommen. Man kann sich ausdenken, was für ein schreckliches Unglück geschehen wäre, wenn das bei einem Überholvorgang passiert wäre.

Eine Mutter träumte, dass ihr jüngstes Kind auf die Straße sprang und dort von einem Auto überrollt wurde. Sie milderte ebenfalls im Fluss der Zeit das Gesehene ab. Nach einigen Wochen erwischte sie ihre Tochter gerade noch am Kragen, als diese vor einem heranbrausenden Auto auf die Straße rennen wollte. Sie zitterte vor Erleichterung, denn sie wusste, dass damit ihr böser Traum abgewendet worden war.

Meiner Überzeugung nach ist es uns erlaubt, diese Hilfe des Kosmos anzuwenden. Das heißt aber nicht, dass wir frank und frei unsere Zukunft manipulieren können wie es uns gerade einfällt! Es bedeutet vielmehr: Wenn wir ein Unglück voraussehen, dann haben wir damit auch die Erlaubnis und die Möglichkeit es abzumildern.

## 6. NLP und die Zeit

In einer modernen Richtung der Psychologie und Kommunikationstechnik, dem Neurolinguistischen Programmieren (NLP), die von Amerika nach Europa gekommen ist, wird mit dem Konzept einer linearen Zeit gearbeitet, um Blockaden zu lösen. Besonders intensiv hat der amerikanische Psychologe Robert Dilts* das Konzept von Veränderungen im Leben mit Hilfe einer angenommenen, linear verlaufenden Zeitlinie bearbeitet, sein Landsmann und Kollege Tad James** hat sich ebenfalls mit diesem Thema beschäftigt.

Der Begriff NLP bedeutet nichts anderes, als dass mit Hilfe der Sprache alte, »falsche« Programme in unserem Gehirn gelöscht und neue, hilfreichere Programme installiert werden. Damit unser Gehirn versteht, worum es geht, wird eine spezielle, anschauliche Bildersprache verwendet.

NLP besteht aus einer Mischung verschiedener psychologischer Techniken. Im NLP wurden Erfahrungen aus der Gesprächs- und der Verhaltenstherapie mit solchen des schamanischen Heilens vermischt, um den Klienten auf allen Ebenen zu erreichen und um eine möglichst umfassende positive Veränderung zu erzielen. Erfunden wurde diese Richtung Ende der sechziger Jahre in Amerika, als man die Arbeitsweise

---

* Dilts, Robert: »Identität, Glaubenssysteme und Gesundheit«, Paderborn 1993

** James, Tad: »Time Coaching«, Paderborn 1993

überaus erfolgreicher Therapeuten wie Virginia Satyr, Fritz Pearls, Milton Erikson beobachtete, um herauszufinden, was das Geheimnis ihres Erfolgs war. Die Erkenntnisse daraus wurden zu dem Erfolgskonzept des NLP zusammengestellt.

Einer der Grundzüge des NLP ist, eine schnelle, wirksame Arbeit zu leisten. NLP arbeitet mit der Verblüffung der Klienten, wenn während einer Intervention gewisse Symptome sofort verschwinden. In den zahlreichen Protokollen von NLP-Sitzungen, die ich gelesen habe – und in der Tat bestehen viele Bücher über NLP nur aus solchen teils schwer verständlichen Protokollen –, taucht in diesen Fällen immer wieder die abschließende Bemerkung »Gelächter« auf. Damit ist dann gemeint, dass der Fall abgeschlossen ist – das (momentane) Verschwinden wird mit großem Hallo als endgültige Heilung gefeiert. Was nach dem »Gelächter« kommt, wird nicht mehr dokumentiert.

Wenn man sich intensiv mit NLP und der umfangreichen Literatur dieser Methode befasst, wird man den Verdacht nicht los, dass hier bisweilen sehr oberflächlich gearbeitet wird. Würde und Einzigartigkeit des Menschen werden vernachlässigt, und der Wert des Einzelnen wird nur nach seiner Funktion in der Gesellschaft bemessen und nach dem *Spaß*, den er dabei hat. Dass Spaß ein recht flüchtiger Geselle ist, der den Weg zu innerer *Freude* nicht vermittelt, wird dabei übersehen. Viel intensiver mit dem Menschen und seinen Bedingungen haben sich zum Beispiel der Psychologe Viktor E. Frankl und seine Schülerin Elisabeth Lukas auseinander gesetzt. Auch sie beschäftigen sich in ihrer Arbeit mit dem Ziel des Wohlbefindens und einer äußerst praktikablen Form der Lebensbewältigung, der Logotherapie* – allerdings ohne in den vorschnellen Jubel und in das Hurrageschrei einer Ex-und-Hopp-Gesellschaft einzustimmen, wenn ein kleines Symptom verschwunden ist.

Ähnlich wie schon im schamanischen Weltbild spricht man im NLP von der Zeit als einer Linie, in die bestimmte Eindrücke eingeprägt sind. Natürlich gibt es kulturell bedingt eine Vielzahl anderer Zeitabläufe. Die Linie der Zeit entspricht eher dem westlichen, linearen Denken. NLP wurde in den Vereinigten Staaten von amerikanischen Therapeuten entwickelt, weshalb auch die Fachausdrücke in amerikanischer Sprache abgefasst sind. Was Schamanen jahrtausendelang den »Fluss der Zeit« nannten, wird hier »Time-Line«, »Zeitlinie« genannt.

Der Überflutung mit englischen Wörtern müde ließ ich im Jahre 1996 in einer Münchener Werbeagentur, die große Erfolge mit sprachlich exzellenten und pfiffigen Werbesprüchen hat, eine Umfrage durchführen, wie man das Wort »Time-Line« am besten ins Deutsche übertragen könne. Mit den Worten »Zeitlinie« oder »Lebenslinie« assoziierten die Texter eine Art Prognose oder Warnung, die sie mit einem leicht unbehaglichen Gefühl verbanden. Ihrer Meinung nach könnten die meisten Menschen bei diesen Begriffen an das Lesen der Handlinien, die hoffentlich lange und starke Lebens- und Schicksalslinie, die in der Handfläche zu sehen sind, denken. Daher könnten diese beiden Bezeichnungen den Klienten möglicherweise an Wahrsagerei oder Ähnliches erinnern und

---

* Lukas, Dr. Elisabeth: »Lebensstil und Wohlbefinden«, München 1999

deshalb mit Angst, Sorge oder unberechtigter Neugier erfüllen.

Die Befragten einigten sich schließlich alle auf das Wort »Lebensweg«, das sehr schön zum Ausdruck bringt, was mit dem Begriff Zeitlinie gemeint ist. Denn auf unserem Lebensweg können Erlebnisse, die tief in unser Bewusstsein eingegraben sind, noch lange später emotionale Reaktionen hervorrufen, unter denen wir auch dann noch leiden, wenn das auslösende Ereignis schon jahrzehntelang zurückliegt. Die Begriffe Time-Line, Zeitlinie und Lebensweg werden daher in dieser Arbeit synonym verwendet.

Mit dem Begriff NLP verbinden viele Laien, salopp ausgedrückt, dass alte Programme herausgenommen und durch neue, effektivere Programme ersetzt werden. Der Mensch soll wieder funktionieren und das besser als zuvor. Unangenehme Eigenschaften und Angewohnheiten sollen schnell »weggemacht«, störende Gegebenheiten ausgeklammert werden, kurz, ein neuer Mensch muss her: stets kreativ, kompetent und effektiv!

Schon oft habe ich Patienten sagen hören: »Ach NLP, das ist doch diese Manipulationsmethode für Manager.« Wenn man, wie ich, mit kranken Menschen arbeitet, ist es wichtig, dieses Missverständnis schon zu Beginn auszuräumen, damit die Patienten nicht das Vertrauen in die verwendete Methode verlieren. Natürlich kann NLP auch manipulativ verwendet werden. Die Erfolge sind dann aber nicht überzeugend und anhaltend. Auch geht es mir nicht vorrangig darum, das ganze Spektrum der Interventionen des NLP zu verteidigen oder darzustellen. Ich möchte hier in diesem Buch ausschließlich über die Zeitlinie sprechen und über die Heilung der persönlichen Zeit, dieses uralte schamanische Konzept der Zeit, das NLP sehr segensreich in seine Methoden aufgenommen hat.

Ich erkläre daher ausdrücklich, dass hier nur eine einzige Technik aus dem Repertoire des NLP verwendet wird und zwar eine, die einen deutlichen Bezug zum persönlichen Leben und zur Heilung hat. Unsere gemeinsame Arbeit besteht zunächst einmal darin, die Lösung der Beschwerden des Betroffenen zu finden: Der Patient wird dabei folgendermaßen angesprochen: »Sie haben in der Vergangenheit eine traumatische Erfahrung gehabt, die Sie noch heute belastet und krank macht. So schlimm das auch gewesen sein mag, es ist doch auch etwas Gutes dabei: Es gibt nämlich in Zeit und Raum *vor* Ihrer Verletzung in der ›gesunden‹ Vergangenheit eine Stelle, an der all dies automatisch gelöscht wird. Und an diesen Punkt werde ich Sie hinführen, das ist meine Aufgabe. Alles andere, die Löschung selbst, bewerkstelligen Sie ganz alleine und Sie haben die volle Kontrolle darüber.« »All dies« bezieht sich auf alle belasteten Gefühle, die im traumatischen Erleben gleichsam »eingefroren« und blockiert wurden und sich deshalb bis heute negativ auswirken können. Diese negativen Emotionen und deren Auswirkungen werden tatsächlich automatisch gelöscht, wenn Sie einen bestimmten Punkt im gesunden Bereich gefunden haben. Und zwar, ohne dass irgendeine weitere psychologische oder andere therapeutische Maßnahme nötig wäre. Die Loslösung vom Trauma geschieht tatsächlich nur dadurch, daß Sie diese bestimmte Position finden, alles andere geschieht von selbst.

Es wäre schade, der Arbeit auf der Zeitlinie nicht zu vertrauen, sie bietet nämlich eine sehr zuverlässige Heilmethode an – und das ohne invasives oder belastendes Eingreifen. Zum Verdienst des NLP gehört es, die Idee des Zeitenflusses, der jahrtausendelang nur erfahrenen Schamanen bekannt war, in einer zeitgemäßen Form den Menschen wieder zugänglich gemacht zu haben. Mit Hilfe dieser Kommunikationstechnik wurde es nämlich möglich, beinahe jeden Menschen dahin zu führen, die belastenden Erlebnisse und Prägungen auf seiner Lebenslinie selbst aufzulösen.

# 7. Techniken zur Ermittlung der persönlichen Zeitlinie

Ganz abgesehen von allen philosophischen und kulturellen Überlegungen ist sich wohl jeder Mensch darüber im Klaren, dass er, bildlich gesprochen, auf seinem Weg durchs Leben einen immer größer werdenden Sack auf dem Rücken trägt, der angefüllt ist mit den verschiedensten Erfahrungen, angenehmen und schmerzhaften, die ihm auf diesem Weg begegnet sind. All diese Erlebnisse prägen uns auf verschiedene Weise, denn wir – das heißt unser Körper, unser Gehirn, unsere Seele – merken uns sehr wohl, was sich in der erlebten Zeit so alles zugetragen hat. Wir halten diese Eindrücke in unserem Zellgedächtnis fest, wo sie als feine Prägungen, manchmal aber auch wie die Narben einer Operation bestehen bleiben. Und das ist auch richtig so, denn die Erinnerung unseres Gehirns sorgt dafür, dass wir nur durch unsere Erfahrungen etwas lernen können, und auch aus unangenehmen Erlebnissen heraus können wir möglicherweise verhindern, dass sich etwas wiederholt, was uns schadet.

Nicht jeder Mensch verarbeitet Krisen in gleicher Weise, die einen werden durch sie vernichtet oder zumindest getroffen, andere räumen Schicksalsschlägen einen so großen Raum im Leben ein, dass sie sich nie mehr von diesen Erfahrungen befreien können, wieder andere wachsen daran. In der Zeitschrift »Psychologie heute« stellte Ursula Nuber 1999 das Konzept der Resilienz vor. *Resilienz* bedeutet die psychische und physische Stärke, die es Menschen ermöglicht, Lebenskrisen ohne langfristige Beeinträchtigung zu überstehen.* Frau Nuber untersuchte, »... was die Menschen auszeichnet, die eine Krise erleben und nicht daran zerbrechen, die misshandelt werden und sich nicht lebenslang als Opfer fühlen«.

Dabei fand sie sieben Kriterien der Resilienz:

- Resiliente Menschen akzeptieren die Krise und die damit verbundenen Gefühle,
- suchen nach Lösungen,
- lösen ihre Probleme nicht allein,
- fühlen sich nicht als Opfer,
- bleiben optimistisch,
- geben sich nicht selbst die Schuld,
- planen im Voraus.

Wir können aus Krisen etwas Nützliches lernen, denn natürlich tragen wir die ganze Bandbreite menschlicher Erfahrungen in uns. Im Allgemeinen läuft dieses Lernen aus vergangenen Erlebnissen ganz selbstverständlich und automatisch in uns ab, ohne dass dabei irgendwelche Schwierigkeiten für uns entstehen. In unserem Leben aber können sich bisweilen Vorgänge ereignen, die eine besonders tiefe, schwer zu heilende »Narbe« hinterlassen, Ereignisse, die unsere Sicht von der Welt und unsere Verhaltensweisen entscheidend mitprägen. Auf diese Weise entstehen blockierte Gefühle und Verhaltensweisen, unter denen wir dann selbst am meisten leiden müssen.

---

* Vgl. Nuber, Ursula: »So meistern Sie jede Krise.« In: »Psychologie heute«, Weinheim, Mai 1999, S. 20–24

In den Fällen, in denen ein Mensch von alleine nicht mehr von einem belastenden Ereignis loskommt, hilft ihm die Arbeit auf seiner Zeit- oder Lebenslinie. Vom NLP her wissen wir, dass jeder Mensch ein ganz persönliches Empfinden der Zeit hat. Und nicht nur das – auch die Anordnung der Zeit unterscheidet sich von Person zu Person zum Teil ganz erheblich.

Um die persönliche Anordnung der Zeit, die Zeitlinie oder Time-Line, zu eruieren, gibt es eine einfache Methode. Die Anleitung gilt sowohl für Sie, wenn Sie für sich allein etwas klären möchten, oder für den Fall, dass Sie mit einem Freund, einer Freundin oder einem Familienmitglied arbeiten. Falls Sie zu zweit arbeiten, bitten Sie Ihren Partner mit der Hand in die Richtung im Raum zu weisen, in der für ihn die Vergangenheit liegt, und als nächstes in die Richtung, in der die Zukunft liegt. Wenn dies dem Betreffenden zu schwer fallen sollte, bitten Sie ihn, sich an den gestrigen Tag zu erinnern, dann an den vergangenen Sonntag, das letzte Weihnachten usw. Als Nächstes bitten Sie ihn, an den morgigen Tag, das nächste freie Wochenende, den Sommerurlaub usw. zu denken. »Stell dir vor, dass dein Lebensweg oder deine Lebenszeit eine Linie bildet. Du stehst gerade in der Gegenwart. Zeige mir jetzt mit den Händen, in welcher Richtung die Vergangenheit liegt …« Bei dieser Aufforderung fällt es den meisten nicht schwer, spontan vor sich, neben sich oder hinter sich zu zeigen, wenn sie zum Beispiel an ein bestimmtes Ereignis in der Vergangenheit denken.

Eine andere Möglichkeit ist, auf dem Boden eine Schnur aufzulegen und die Gegenwart mit einem Knoten zu markieren. Lassen Sie dann von diesem Knoten aus die »Zukunft« und die »Vergangenheit«

so ausrichten und gestalten, wie es dem persönlichen Empfinden entspricht. Um ein besseres Gefühl dafür zu bekommen, kann man vom Gegenwartspunkt aus einige Schritte in die verschiedenen Zeitzonen machen und auf seiner Linie auf- und abspazieren.

Eine gute Methode ist auch, nach dem genauen Alter zu fragen. Nehmen wir an, Sie bekommen die Antwort: »Zweiundvierzig Jahre.« Dann sprechen Sie in etwa folgendes: »Stell dir jetzt einmal vor, dass diese gelebte Zeit wie ein Maßband ist. Vor dir befindet sich die Zahl 42 und davor und daneben befindet sich die Lebenszeit, die du bis jetzt gelebt hast. Auf diesem Maßband sind alle Erfahrungen, die du je gehabt hast, aufgezeichnet, selbst wenn du dich im Moment nicht mehr daran erinnern kannst. Gut, betrachte dieses Maßband und versuche festzustellen, wo in etwa deine Kindheit liegen könnte, deine Studienzeit usw. Mache dich in Ruhe mit deiner Zeitlinie vertraut.«

Der Suggestionscharakter dieser Aussage ist gewollt und kann durch eine leicht monotone Stimmführung und langsames Sprechen verstärkt werden. Mit solch einfachen Worten können Sie sich selbst oder Ihren Freunden ermöglichen, die ganz persönliche Anordnung der Zeit wahrzunehmen.

# 8. Spezielle Persönlichkeitstypen der Zeiterfahrung

Im NLP hat man festgestellt, dass es zwei Möglichkeiten gibt, die Zeit wahrzunehmen. Man unterscheidet Persönlichkeiten, die *Through-Time*-Typen und solche, die *In-Time*-Typen genannt werden.
Die Anordnung der Zeit bei einer *In-Time*-Persönlichkeit sieht so aus:

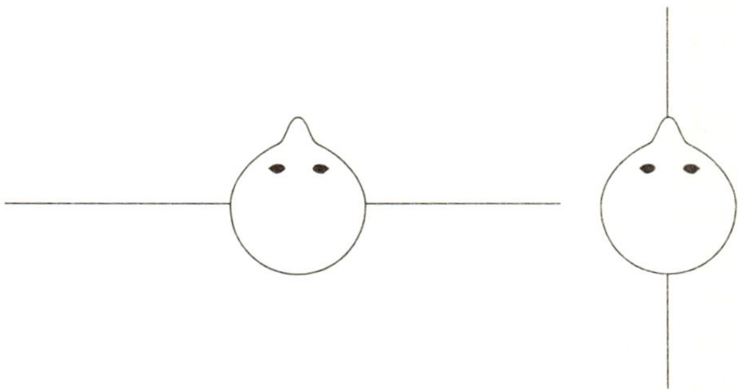

**Abb. 3:** Klassische In-Time-Zeitlinie

Die Abbildung stellt nur eine Art der vielen In-Time-Möglichkeiten dar. Die Zeitlinie kann teilweise oder ganz durch die Person gehen und muss sie nicht symmetrisch durchschneiden.

Diese Zeitlinie geht durch den Menschen hindurch, wobei es ohne Bedeutung ist, ob sie ihn exakt in der Mitte durchquert oder ob sie nur Teilbereiche seines Körpers schneidet. Der In-Time-Typus befindet sich immer im Jetzt. Seine Kennzeichen sind folgende: Er lebt intensiv in der Gegenwart, d.h. er erlebt Freuden und Leiden intensiver als andere Menschen. Er ist kreativ und für momentane Stimmungen empfänglich. Erlebnisse werden als rauschhaft empfunden, und 98 Prozent aller Suchtkranken befinden sich in einem In-Time-Zeitrahmen. Auch Liebeskummer oder Depressionen werden In-Time erlebt. Ganz anders ist die Through-Time-Persönlichkeit. Die gesamte Zeitlinie befindet sich außerhalb ihres Körpers und quert ihn nicht. Der Through-Time-Typus befindet sich also nicht auf oder in der Zeitlinie. Er hat Überblick, denn die Gegenwart befindet sich genau *vor* ihm. Er kann sich daher emotional aus dem Geschehen heraushalten. Man sagt dem Through-Time-Typus nach, dass er eine ordentliche und gut organisierte Person ist.

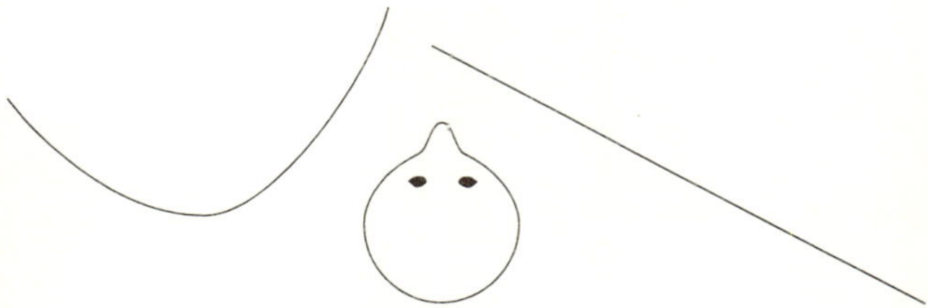

**Abb. 4:** Die gesamte Zeitlinie befindet sich außerhalb des Körpers. Viele Varianten sind möglich.

Der Through-Time-Typus reagiert aus diesem Grunde auch weniger emotional als der In-Time-Typ.

**Abb. 5:** Dies ist eine klassische Through-Time-Zeitlinie.

Im Schamanismus kennt man diese Unterscheidung nicht, sondern dort erlebt man sich immer auf zweierlei Art und Weise: Einmal ist man Beobachter und ein andermal direkt im Geschehen, so als ob man es gerade selbst erleben würde. Das hat einige Vorteile, die ich im nächsten Kapitel schildern werde.

## 9. Die Veränderung der Zeitlinie

Diese beiden Anordnungen der Zeit entsprechen zwar bestimmten Persönlichkeiten und Verhaltensweisen, sie sind jedoch nicht für immer und ewig unabänderlich festgelegt. In bestimmten Lebensphasen kann sich auch das Erleben der Zeit verändern. So leben Säuglinge und Kleinkinder ausschließlich in der In-Time; im Laufe der Entwicklung, besonders in der Pubertät, ändert sich das automatisch. Es ist aber auch möglich, seine eigene Zeitlinie bewusst so zu verändern, dass sich eine In-Time-Zeitlinie zu einer Through-Time-Zeitlinie wandelt. Eine solche willkürliche Veränderung ist nicht nur eine interessante Erfahrung, manchmal besteht auch die dringende Notwendigkeit, seine Zeitlinie zu verändern. Ein Anlass dazu wäre zum Beispiel ein Suchtgeschehen oder Verwicklungen in tiefe, leidvolle Emotionen. Auch in Zeiten, die einem sehr viel Stress bescheren, ist es sinnvoll und hilfreich, seine Zeitlinie und damit auch sein Zeitempfinden zu verändern.

Jede Veränderung der Zeitlinie hat eine nachhaltige Wirkung auf den Betreffenden. Es ist also wichtig, sich genau zu überlegen, welche Konsequenzen eine solche Neuorganisierung der Zeitlinie haben kann. Falls Sie mit einem Partner zusammenarbeiten, fragen Sie diesen bitte zuvor, ob er auch damit einverstanden ist, etwa so: »Bist du damit einverstanden, dass wir deine Zeitlinie nur für die Stunde, die wir jetzt zusammenarbeiten, so verändern, dass sie wie eine Straße *vor* dir liegt?«

Ich beschreibe im Folgenden das Vorgehen. Lesen Sie Ihrem Partner den nachstehenden Text vor:

»Stell dir bildlich vor, dass deine gesamte Zeitlinie vor dir liegt. Eine gute Vorstellung wäre zum Beispiel, über der Linie zu schweben und sie so von oben zu betrachten, als ob man mit dem Flugzeug über eine Straße fliegen würde. Diesen Vorgang wollen wir ab jetzt ›Schweben‹ nennen.«

Eine Handbewegung, mit der Sie den Verlauf der Zeitlinie vor dem Körper anzeigen, ist hier hilfreich. Sprechen Sie dann weiter: »Ordne deine Zeitlinie so an, dass die Vergangenheit links und die Zukunft rechts liegt. Du selbst schwebst genau über der Gegenwart.« Lassen Sie Ihrem Partner Zeit, diesen Vorgang sorgfältig auszuführen und vergewissern Sie sich, dass er nun zu der Veränderung bereit ist. Erst dann sprechen Sie weiter:

»Wenn ich jetzt in die Hände klatsche, lass deine Zeitlinie so einrasten, dass links die Vergangenheit und rechts die Zukunft liegt. Sie bleibt so lange in dieser Position, wie wir beide zusammenarbeiten. Anschließend können wir deine Zeitlinie wieder in die alte Stellung bringen oder sie so belassen, wenn es dir angenehmer ist.«

Bei dem Löschen von belastenden Erlebnissen auf der persönlichen Zeitlinie ist es aus den verschiedensten Gründen besser, die Zeit in Form der klassischen Through-Time-Zeitlinie anzuordnen (siehe Abb. 5). Die Person befindet sich dabei außerhalb ihrer Zeitlinie; auch die Schamanen geben dieser Art den Vorzug.

Der wichtigste dieser Gründe dafür ist, dass wir dafür bei dieser Anordnung der Zeit aus dem traumatischen Erleben herausgenommen und vor überstarken Emotionen und Reaktionen geschützt sind. Es ist also nicht mehr möglich, dass wir von Gefühlen wie Angst oder Trauer überwältigt werden, wie das gelegentlich bei anderen psychischen Techniken geschehen kann.

Es entsteht so eine geschützte Atmosphäre, in der die notwendigen Lösungsvorgänge ruhig angegangen werden können. Das bedeutet natürlich nicht, dass nicht auch einmal Tränen fließen dürfen.

Der zweite Grund dafür ist, dass wir uns, wenn wir für uns oder andere arbeiten, immer im selben System befinden: Die Vergangenheit liegt immer links und die Zukunft immer rechts. Dieses Arrangement erleichtert das Arbeiten auf der Zeitlinie erheblich; denn wir müssen uns nicht bei jeder neuen Person überlegen, wie deren persönliche Zeitlinie verläuft.

Ein weiterer Grund ist die Zeitersparnis, da es gut eine halbe bis eine Stunde Zeit brauchen kann, die tatsächliche und aktuelle Zeitlinie eines Menschen zu eruieren. Komplizierte Personen leisten sich den Luxus mehrerer, gleichzeitig existierender Zeitlinien. Man kann sich denken, dass es sehr mühevoll sein kann, in einem solchen Fall die genaue Linie zu ermitteln, auf der ein bestimmtes Erlebnis gespeichert ist. Mit meinem Modell der klassischen Through-Time-Zeitlinie für die Dauer der gemeinsamen Arbeit verlieren Sie keine wertvolle Zeit mit aufwendigem Suchen und können sich beide der eigentlichen Arbeit widmen.

Nicht zuletzt denke ich daran, dass diese Anordnung der Zeitlinie, bei der die Vergangenheit links und die Zukunft rechts liegt, dem schamanischen Bild des Flusses der Zeit entspricht. Vor vielen tausend Jahren legten Schamanen fest, dass der Fluss der Zeit von links nach rechts fließt, aus der Vergangenheit durch die Gegenwart und in die Zukunft hinein. Und ich bin der Überzeugung, dass dieses Bild über Generationen hinweg auch in unseren Gehirnen gespeichert ist, denn es fällt den allermeisten Menschen ganz leicht, ihre Zeitlinien so anzuordnen.

**Abb. 6:** Der Lauf des Zeitenflusses in der Oberen Welt der schamanischen Tradition

Etwas mental oder körperlich zu verändern, fördert die Flexibilität. Und Flexibilität und geistige Beweglichkeit verlangsamen den Alterungsprozess, weshalb wir auch aus diesem Grund bereit sein sollten, für eine gewisse Zeit unsere übliche Zeitlinie einmal zu verändern.

## 10. Die persönliche Fallgeschichte

Die Aufnahme der persönlichen Fallgeschichte ist in gewisser Weise von den Wünschen des Betroffenen abhängig. Wollen Sie sich von einem seelischen oder körperlichen Problem befreien? Haben Sie ein einziges oder mehrere belastende Erlebnisse, die Sie löschen möchten?

Die aufwendigste Fallgeschichte muss angelegt werden, wenn Sie sich insgesamt persönlich entwickeln möchten. Hier ist es ein Muss, einen detaillierten Plan anzulegen, der jede quälende Emotion, jedes traumatische Ereignis im Leben erfasst. Dieser Vorgang nimmt mehr Zeit in Anspruch als das Löschen selbst und kann bis zu zwei Stunden dauern. Es lohnt sich aber, auch für sich selbst, einmal eine solche Liste anzulegen. Auf den nächsten Seiten erhalten Sie eine Vorlage, nach der Sie Ihre persönliche Fallgeschichte anlegen können. Lassen Sie sich ruhig Zeit dafür. Das eigentliche Löschen vollzieht sich dann schnell und unproblematisch.

Eine genaue und vollständige Auflistung aller Punkte, von denen man sich befreien möchte, erleichtert die darauffolgende gemeinsame Arbeit. Auch wenn Sie für sich alleine arbeiten wollen, sollten Sie sich diese Stichpunkte notieren.

Falls Sie nur ein einziges unangenehmes Erlebnis löschen wollen, gilt das zuvor Gesagte nicht. Es genügt dann, sich nur den Zeitpunkt oder das betreffende Jahr aufzuschreiben.

Für eine längere Fallgeschichte nehmen Sie sich ein Blatt Papier zur Hand und notieren Sie sich darauf folgende Daten:

1. Den Vornamen, falls Sie mit jemand anders, den Sie nicht so gut kennen diese Übung machen wollen. Das ist wichtig, weil Sie ihn für bestimmte Interventionen, die etwa die Kindheit betreffen, brauchen können. Bei Verletzungen, die in der Kindheit geschehen sind, wirkt es unbeholfen und ungeschickt, in manchen Fällen sogar störend, wenn der Betreffende als Herr oder Frau X angesprochen wird.
2. Das gegenwärtige Alter der Person. (Gilt nur für die Arbeit zu zweit.) Das genaue Alter zu erfragen ist weniger umständlich, als es sich jeweils aus dem Geburtsdatum auszurechnen. Mit der Auskunft »Ich bin 36 Jahre alt« oder »In zwei Wochen werde ich 65« können Sie Ihren Partner sehr präzise auf seinem Weg über seine Zeitlinie geleiten. Er fühlt sich nämlich sicher, weil Sie immer wieder Bezug zu seinem jetzigen Alter nehmen.
3. Die genauen, ungefähren oder vermuteten Zeitangaben über den Beginn des belastenden Ereignisses. Notieren Sie sich jeweils in einer Zeile Daten, wie etwa
   - Tod des Vaters November 1973
   - Autounfall, März 1998
   - Gefühl der Einsamkeit, etwa seit dem 3. Lebensjahr
   - Gefühl der Trauer, etwa seit dem 7. Schwangerschaftsmonat

Diese Notizen sind deshalb so wichtig, weil Sie während der ganzen Sitzung verbal immer wieder

Bezug zum auslösenden Geschehen nehmen müssen. Sie können Ihren Partner und sich selbst sicherer führen, wenn Sie das betreffende Datum von Ihrem Notizblatt ablesen. Wenn man diese einfachen Vorbereitungen nicht ernst genug nimmt, kann es geschehen, dass die Arbeit auf der Zeitlinie nicht mehr gut gelingt, weil man aus dem meditativen Zustand (8–13 Hertz) während der Sitzung herausfällt, um die genauen Daten nachzurechnen oder zu korrigieren. Daher ist es viel einfacher, sich eine möglichst genaue Liste *vor* dem Beginn der eigentlichen Sitzung zu machen.

# 11. Wann? Die Ermittlung des Zeitpunkts

Wie soeben beschrieben wurde, steht vor der eigentlichen Arbeit auf der Zeitlinie stets die genaue Ermittlung des Zeitpunkts des auslösenden Ereignisses. Das ist natürlich eine einfache Sache, solange wir es mit festen Ereignissen, wie zum Beispiel einem Unfall, einem Todesfall, einer Prüfung oder Operation zu tun haben, deren genaues Datum bekannt ist.

Wenn ein unangenehmes Gefühl, wie zum Beispiel Wut besonders gründlich gelöscht werden soll, ist es gut, den Zeitpunkt zu wählen, am dem diese Wut möglichst zum ersten Mal aufgetreten ist. Was aber ist zu tun, wenn wir wissen wollen, seit wann genau wir zu Gefühlen wie Wut, Trauer, Eifersucht oder Einsamkeit usw. neigen? Kaum einem Menschen ist es möglich, darüber Angaben zu machen, und wenn, dann sind diese meistens ungenau und unzuverlässig. Die eigentliche Ursache liegt meist früher, als die bewusste Wahrnehmung uns glauben machen will.

Wenn etwa ein Freund unter seinem heftigen Jähzorn leidet, und wir ihn fragen: »Wann hast du zum ersten Mal diesen Jähzorn erlebt?« , dann ist die häufigste Antwort, die wir zu hören bekommen, »Ich weiß es nicht.« Und es ist auch für diese Ermittlung nicht wichtig *bewusst* zu wissen, wann der tatsächliche Zeitpunkt war. Wir nehmen nämlich in diesen Fällen die Kraft unseres Unterbewusstseins zu Hilfe, in dem alles, was uns je widerfahren, aufgezeichnet ist.

Wenn wir also die Auskunft »Ich weiß es nicht« hören, dann können wir Folgendes erwidern: »Ich weiß, dass du es nicht weißt, aber wenn du es wüsstest, wann wäre es gewesen – vor, während oder nach deiner Geburt.« Meist erhalten wir dann eine schnelle, spontane Antwort. Wenn der Freund immer noch zögert, ermutigen wir ihn, doch auf sein Unterbewusstsein zu vertrauen und spontan – aus dem Bauch heraus – eine Zahl zu nennen. Diese Zeitangabe nehmen wir dann zu Hilfe und zwar genauso ernsthaft, als ob das Ereignis wirklich zu dieser Zeit geschehen wäre. Fast immer liegen wir mit dieser Angabe unseres Unterbewusstseins richtig.

Genauso verfahren wir mit uns selbst, wenn wir die erste Ursache für eine unangenehme Emotion wissen möchten. Die meisten Menschen sind erstaunt, wie schnell und spontan sie eine Jahresangabe machen können.

Wir haben also zwei Möglichkeiten, um den Ursprung des Problems festzustellen, zum einen das tatsächliche Wissen und zum anderen die Ermittlung mit Hilfe des Unterbewusstseins.

Der amerikanische Psychologe Tad James hat die Fragestellung »vor, während oder nach der Geburt« formuliert; aus welchen Quellen er dabei schöpfte, ist mir nicht bekannt. Die Formulierung selbst ist jedoch eine uralte! Ihr Ursprung geht bis ins frühe Christentum der Ostkirche zurück. Dort stellte man auf Ikonen die Gottesmutter Maria mit drei Sternen dar: einem auf jeder Schulter und einem auf der Stirn. Diese Sterne symbolisieren ihre innere Einheitlichkeit (Jungfräulichkeit) »vor, während und nach der Geburt«. Die Schweizer Psychologin Helene Hoerni-Jung,

Tochter von C. G. Jung, schreibt: »Psychologisch ist diese Jungfräulichkeit vor, während und nach der Geburt Ausdruck eines eigenartig unberührbaren Zustandes, der mit der Konstellierung des Selbst einhergeht, d.h. wenn unser Lebenssinn anklingt.«*

Es berührt eigenartig, dass wir viele hundert Jahre, nachdem dieser Lehrsatz der Ostkirche formuliert wurde, bei der Arbeit auf unserer Zeitlinie dieselben Fragen stellen, um festzustellen, wann der Mensch aus dieser inneren Einheitlichkeit wieder herausgefallen ist. Die Frage lautet dann: »Wann hast du zum ersten Mal diese unangenehme Emotion gehabt, war es vor, während oder nach deiner Geburt?«

Eine weitere Hilfestellung ist, das *Wann* noch enger einzukreisen. Wir können, ähnlich wie in der Psycho-Kinesiologie, den Zeitpunkt weiter einkreisen, indem wir fragen: »War es in der Kindheit, etwa bis zum siebten Lebensjahr, oder in der Pubertät, etwa bis zum vierzehnten Lebensjahr, oder war es noch später, etwa ab dem 23. Lebensjahr?«

Der Begriff Psycho-Kinesiologie wurde von dem deutsch-amerikanischen Psychologen Dieter Klinghardt geprägt. Er bezeichnet damit eine Behandlungsmethode, bei der psychische Konflikte durch kinesiologische Muskeltestungen aufgelöst werden.**

---

* Hoerni-Jung, Helene: »Maria – Bild des Weiblichen«, München 1991, S. 46

** Klinghardt, Dr. Dietrich: »Lehrbuch der Psychokinesiologie«, Freiburg 1996, S. 48 ff.

# 12. Die Technik

Wenn Sie mit einem Freund zusammenarbeiten, dann sitzen Sie ihm gegenüber. Wenn er zu aufgeregt ist oder sich im Sitzen nicht konzentrieren kann, sollte er sich bequem hinlegen. Bei der Arbeit zu zweit ist es gut, wenn Sie das Gesicht Ihres Freundes ansehen, denn so können Sie seinen Gesichtsausdruck und die mit der Lösung des Problems verbundene, vegetative Veränderung gut beobachten (Röte, Wärme, Entspannung)!

Die Technik erscheint auf den ersten Blick mehr als einfach. Es verhält sich nämlich so, dass es für jedes Trauma, für jedes schreckliche Erlebnis und für jede schlimme Erfahrung einen Punkt in Zeit und Raum gibt, an dem automatisch alles gelöscht wird. Unsere Aufgabe ist es, uns selbst oder unsere Freunde an genau diesen Punkt zu geleiten. Und das ist auch schon alles.

Mit etwas Fingerspitzengefühl und im Vertrauen auf unsere Intuition und Vorstellungskraft können wir zu diesem heilsamen Ort gelangen. Immer steht der einzelne Mensch mit seinen persönlichen Eigenheiten und Vorlieben im Vordergrund. Auch das kulturelle Umfeld hat einen Einfluss; so sind zum Beispiel Amerikaner viel einfacher auf der Zeitlinie zu führen als Europäer, die eher eine etwas »faustische« Natur haben und komplizierter sind und an sich selbst und der Welt leiden. Auch wenn Sie mit Ihren Kindern ein unangenehmes Erlebnis löschen, werden Sie merken, wie unkompliziert und einfach das sein kann. Oft ist die Arbeit schon nach wenigen Minuten beendet. Robert Dilts, ein amerikanischer Psychologe, der viel mit der Zeitlinie arbeitet, verwendet häufig ein Zitat von Albert Einstein: »Alles sollte so einfach wie möglich gemacht werden; aber nicht einfacher.« Dieser Satz könnte auch das Motto für die Arbeit auf der Zeitlinie sein.

Das Löschen von belastenden Ereignissen und Gefühlen bedarf folgender Schritte:

1. Liste der belastenden Ereignisse oder Gefühle
2. Alters- oder Jahresangabe
3. Das Leben wird als Linie oder Straße vorgestellt
4. Schweben über dieser Linie
5. Schweben über dem auslösenden Ereignis
6. Wahrnehmung eines unangenehmen (Körper-) Gefühls beim Anlangen an dem Ereignis
7. Das Gute aufnehmen und behalten
8. Weiter in die Vergangenheit hinein schweben, bis die Stelle erreicht ist, an der automatisch gelöscht wird
9. Punkt 8 so lange wiederholen, bis das unangenehme (Körper-) Gefühl verschwunden ist.
10. »Rückflug« und automatisches Löschen

Die Punkte 8 und 9 kennzeichnen einen Vorgang, den ich das »Navigieren« nenne, bis zu dem Punkt in Zeit und Raum, an dem sich alles Schädigende auflöst. Unsere Aufgabe besteht nur darin, uns selbst oder die Menschen, mit denen wir gerade arbeiten, an diese Stelle hinzuführen.

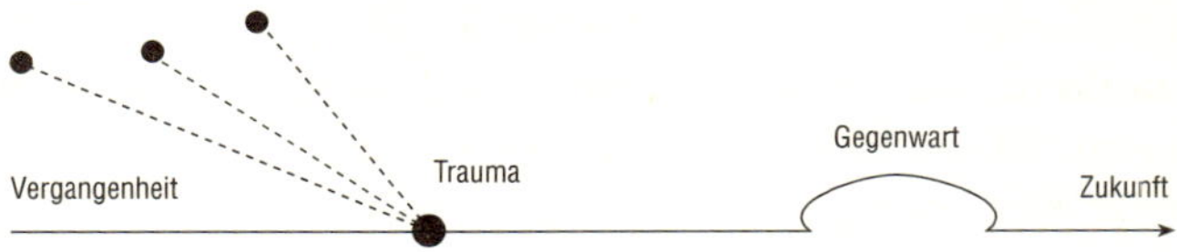


**Abb. 7:** Das Navigieren

Irgendwo in Zeit und Raum *vor* dem Trauma, im gesunden Bereich, gibt es nämlich eine Stelle oder einen Punkt, an dem automatisch gelöscht wird, was uns belastet.

Es folgt das Protokoll einer Sitzung. Die Liste der Ereignisse oder unangenehmen Gefühle und die Daten liegen schon vor.

A: »Wir machen jetzt eine Phantasiereise zusammen, bei der du dich ganz wohl fühlen wirst. Kannst du dir vorstellen, dass dein bis jetzt gelebtes Leben wie eine Straße quer vor dir liegt und zwar so, dass sich die Vergangenheit links und die Zukunft rechts befindet. Du selbst schwebst wie mit einem Ballon über deinem gegenwärtigen Alter, 42 Jahre.«

B: »Ja, das ist möglich.«

A: »Entspanne dich, schließe die Augen und stell dir dabei vor, über deinem Lebensweg zu schweben. Vielleicht sitzt du dabei bequem im Korb eines Fesselballons und blickst im Flug auf die Strasse deines Lebens herab … «

B: »In Ordnung.«

A: »Schwebe jetzt so weit nach links, bis du über den Oktober 1998 gelangst, an dem du den Unfall mit dem Motorrad hattest. Dein Unbewusstes kennt diese

Stelle auf deiner Zeitlinie ganz genau und wird dich dahin führen ... wenn du dort angelangt sind, gib mir ein Zeichen.«

B: »Ich bin da.«

A: »Betrachte diese Stelle von oben und nimm auf, was von ihr ausstrahlt ... Kannst du dann ein körperliches oder seelisches Unbehagen spüren?«

B: »Oh ja, mir wird richtig schlecht. (Zeigt auf den Magen.) Und ich fühle mich ausgeliefert und hilflos.«

A: »Dieser Unfall hat dir sicherlich auch etwas Gutes beschert, eine Erfahrung oder eine Erkenntnis. Stell dir vor, dass all diese guten Erfahrungen und Erkenntnisse im Kosmos für dich aufgehoben wurden und jetzt wie eine strahlende Lichtkugel über deinem Kopf schweben. Und all das strömt jetzt in dich ein wie ein goldener Nebel, der sich in deinem ganzen Körper verteilt ... Gib mir ein Zeichen, wenn dieser Vorgang beendet ist.«

B: »... Jetzt, jetzt ist es in Ordnung. Mir geht es schon besser, aber es ist noch etwas da von der Übelkeit.«

A: »Sehr gut! Schwebe jetzt mit deinem Ballon nach links in den freien Raum hinein, ohne an Jahreszahlen oder Ereignisse zu denken, sondern genieße dieses Schweben ... Schwebe auch höher hinauf, weg von dem Ereignis ... Und jetzt halte inne und dreh dich so, dass du auf den Oktober 1998 blicken kannst ... Wie steht es jetzt mit der Übelkeit und dem Gefühl der Ohnmacht?...«

B: »... Es ist alles so weit weg ... das Gefühl der Hilflosigkeit ist verschwunden, ich spüre nur noch meinen Magen.«

A: »Gut, schwebe noch weiter nach links und genieße dieses Schweben, und je weiter du schwebst, desto wärmer und angenehmer fühlt sich der Magen an, ganz leicht und warm ... Du schwebst und schwebst ... und dann blickst du wieder auf die Stelle im Oktober 1998 ... Wie geht es dir jetzt?«

B: »Gut, danke.«

A: »Was ist mit der Übelkeit, mit dem Gefühl der Hilflosigkeit?«

B: »Sie sind verschwunden ... und ich kann meinen Kopf jetzt leichter drehen. Seit dem Unfall konnte ich das nicht mehr!«

Die eigentliche Arbeit an der Zeitlinie ist nun beendet. Es ist jetzt noch wichtig, wieder in die Gegenwart zurückzukehren. Die Person befindet sich jetzt schon in der abschließenden Position, es geht ihr gut, das unangenehme Gefühl der Hilflosigkeit und der Druck im Magen sind verschwunden. Sie wird nun zurück in die Gegenwart geführt – ein Vorgang, für den Sie sich Zeit lassen sollten.

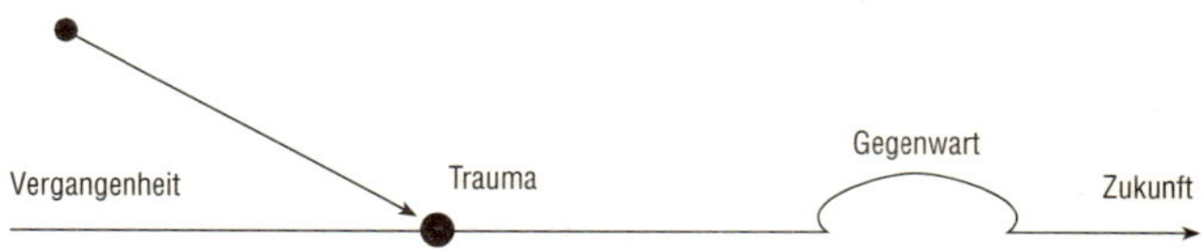


**Abb. 8:** Die abschließende Position.
An diesem Punkt befindet sich B jetzt.

Es wäre ein Fehler, die Sitzung an dieser Stelle einfach zu beenden, denn B befindet sich immerhin in einer leichten Trance. Er schwebt irgendwo in der Vergangenheit und wird langsam wieder ins Hier und Jetzt zurückgeführt. Ich arbeite dabei mit folgenden Suggestionen:

»Du schwebst jetzt ganz links oben im Raum der Vergangenheit. Stell dir vor, dass sich hinter dir ein Kometenschweif befindet, der mit lauter glitzernden, blinkenden Sternchen bis hinunter auf die Zeitlinie reicht. Während du nun ganz langsam und bewusst nach rechts in die Gegenwart schwebst, löscht dieser Kometenschweif alles, alles, was mit dem Unfall im Oktober 1998 zusammenhängt. Lass dir Zeit … du schwebst … und löschst … und schwebst und löschst ganz automatisch, … solange bis du wieder in der Gegenwart angelangt bist.«

B: »… jetzt bin ich wieder da.«

A: »Gut, du bist jetzt wieder hier in der Gegenwart, hier in diesem Raum, … strecke dich, gähne, öffne die Augen …«

Die Sitzung ist hiermit beendet.

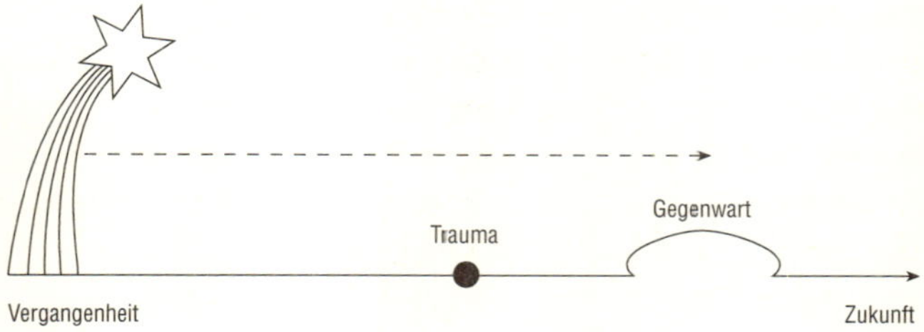


**Abb. 9:** Der Rückweg

Der Rückweg ist nicht nur deshalb nötig, damit Sie oder Ihr Partner wieder ins Alltagsbewusstsein zurückkehren können. Auch im Vorgang selbst liegt ein wichtiges Moment: Die ganze Kette von belastenden Emotionen wird dabei nämlich von Anfang an gelöscht. Viele meiner Patienten berichteten, dass einige Stellen ihres Lebensweges besondere Aufmerksamkeit brauchten, andere Strecken dagegen ganz einfach zu löschen seien. Nachdem ich alle möglichen Interventionen ausprobiert hatte, fand ich, dass das Bild eines strahlenden und glitzernden Kometenschweifs, der wie ein goldener Besen auf die Zeitlinie herab reicht, die beste Wirkung zeigt. Die Klienten fühlen sich sicher mit diesem Bild und berichten, dass einige Punkte auf ihrem Lebensweg während der Löschung ganz besonders aufleuchten würden. Ohne diese Suggestion könnte man unsicher werden, und sich fragen: »Wie soll ich denn das Löschen bewerkstelligen? … Was ist, wenn ich das nicht kann?«

Auch wenn Sie für sich allein diese Übung machen möchten, gehen Sie ganz genauso vor. Sie stellen sich vor, dass Sie über Ihrer Zeitlinie schweben, dass Sie langsam nach links – in die Vergangenheit – schweben, um zum Löschpunkt zu gelangen. Während dieses imaginären Fluges nehmen Sie immer neue Positionen ein und betrachten von dort die Stelle, die Sie löschen möchten, so lange, bis Sie sich gut und entspannt fühlen, wenn Sie diese Stelle betrachten.

Die in diesem Kapitel geschilderte Vorgehensweise kann auf diese Art und Weise mehrmals wiederholt werden, d.h. in einer Sitzung können mehrere belastende Emotionen der Reihe nach gelöscht werden. Wie viele Emotionen hintereinander bearbeitet werden können, hängt vor allem davon ab, wie gut Sie sich konzentrieren können.

Bei der Arbeit auf der persönlichen Zeitlinie wird immer nur eine einzelne Emotion oder ein einzelnes unangenehmes Ereignis behandelt. Es ist nicht möglich ein Konglomerat von Gefühlen, wie Hass, Wut, Trauer usw., gemeinsam in einer einzigen Sitzung zu löschen, auch wenn manche Menschen das verlangen. Jedes einzelne Gefühl benötigt eine eigene Arbeit auf der Zeitlinie. Um beim obigen Beispiel zu bleiben, heißt das, dass wir jeweils eine eigene Zeitlinie für den Hass, die Wut und schliesslich auch für die Trauer brauchen.

Abschließend sollten wir, um ganz sicherzugehen, auch testen, ob diese Arbeit erfolgreich war. Es ist dabei nicht nötig, die ganze Prozedur noch einmal zu wiederholen. Ich denke nämlich, dass man der Psyche ruhig etwas Zeit lassen darf, ein jahrelang bestehendes Trauma auch vegetativ zu verarbeiten. Meine Erfahrung hat gezeigt, dass das ganz von selbst innerhalb der nächsten Stunden oder Tage geschieht. Daher halte ich diesen Test nur dann für nötig, wenn keine deutliche, positive Reaktion im Gesicht zu beobachten war, also keine Wärme, Röte oder kein Lächeln. Ich bitte den Patienten darum, entweder an den bearbeiteten Vorfall oder einen beliebigen anderen von ähnlicher Art zu denken. Wenn er bei dem Gedanken daran noch irgendein Unbehagen spürt, könnte die Arbeit verbessert werden.

In den meisten Fällen reicht es aber aus, sich ein paar Tage Zeit zum Nachwirken zuzugestehen.

Eine andere, noch viel einfachere Methode ermöglicht es uns, erst einmal »dunkle« Flecken auf unserer Zeitlinie festzustellen, die auf mögliche Traumata hinweisen. Gleichzeitig ist es möglich, mit dieser Technik in einer Meditation die verletzten Stellen auch zu heilen oder zumindest in einen besseren Zustand zu bringen. Auch Ihnen nicht bekannte, schädigende Ereignisse können entdeckt werden, indem Sie wie im Flugzeug über der Zeitlinie schweben und sie nach dunklen oder nebelhaft verschwommenen Stellen absuchen. Es ist interessant, wie sich in der Zeitlinie Knicke, Bruchstellen, dunkle Flecke usw. zeigen, wenn man sie von oben betrachtet. Gelegentlich sieht es auch so aus, als ob einzelne Stücke aus der Zeitlinie herausgebrochen wären. All diese abweichenden Stellen weisen auf Verletzungen und Zeitabschnitte in unserem Leben hin, in denen wir etwas erlebt haben, das noch nicht verarbeitet und geheilt wurde. Die Zeitlinie sollte gleichmäßig hell getönt sein.

Eine ganz einfache erste Möglichkeit der Heilung besteht schon darin, diese dunklen, verschwommenen oder fehlenden Stellen durch aktive Imagination so zu verändern, dass die Linie wieder gleichmäßig hell und vollständig wird. Sie können sich zum Beispiel dabei vorstellen, dass ein goldener Regen alles Belastende von Ihrer Lebenslinie wegwäscht, dass dann die goldenen Strahlen der Sonne Ihren Weg ganz gleichmäßig hell und strahlend machen und belastende Erlebnisse Ihres Lebens sich langsam auflösen und davonschwimmen. Es ist eine schöne Übung, sich zum Beispiel am Abend einmal ein wenig Zeit zu nehmen, um einen Abschnitt der Zeitlinie von oben zu betrachten. Fürs Erste genügt es, wenn Sie sich einer Stelle widmen, mit der Sie nicht zufrieden sind. Nehmen wir einmal an, Sie haben einen dunklen Fleck entdeckt, der Sie stört. Sie könnten sich hier vorstellen, dass warmes, helles Sonnenlicht auf die Stelle fällt und sie sich langsam erhellt. Zugleich mit dem Licht der Sonne beginnen Gräser, Blumen oder Bäume zu wachsen. Der zuvor dunkle Ort verwandelt sich allmählich in einen freundlichen hellen Platz, der voller Leben ist. Selbst wenn Sie nur alle zwei Wochen oder einmal im Monat eine solche Imaginationsübung machen und sich eine halbe Stunde Zeit dafür lassen, werden Sie einen Gewinn davon haben. Durch diese einfache Arbeit wird Ihr Leben allmählich verändert, ohne dass es Sie viel Zeit kostet.

Wenn diese angenehme und entspannende Übung einmal pro Woche gemacht wird, können Sie beobachten, dass Ihr Leben immer freier wird und Belastungen von Ihnen abfallen, die Sie schon lange mit sich herumgetragen haben.

Das ähnelt sehr der schamanischen Arbeit am Fluss der Zeit, wo der Schamane mit viel Geduld beobachtet, wie sich seine unangenehmen Erfahrungen und Gefühle allmählich im Wasser auflösen und schließlich weggespült werden.

---

Alle Skizzen in diesem Kapitel sind angelehnt an die Arbeiten von Robert Dilts und Tad James.

# 13. Zusätzliche Informationen

Überlassen Sie die Wahl des imaginären »Gefährts« nicht dem Zufall. Auch ungenaue Äußerungen sind nicht vorteilhaft. Am besten ist es, möglichst einfache und klare Formulierungen zu verwenden.

Wenn Sie nur von »schweben« sprechen, ohne genau zu sagen *wie*, geht das bei den meisten Klienten gut, manchmal aber entspinnt sich eine Diskussion über das *Wie*: »Wie soll ich denn schweben, Flügel habe ich nicht. Ein Flugzeug mag ich auch nicht, da ist es immer so eng drin. Eine Rakete ist viel zu schnell … Soll ich mich auf einen Vogel setzen, aber ich bin viel zu schwer für einen Vogel …« usw. Und schon sind wertvolle Zeit und Energien verbraucht, die besser für die eigentliche Arbeit verwendet würden.

Mit der Vorstellung einer gemächlichen Ballonfahrt sind Tempo und Flughöhe optimal vorgegeben. Diese Vorstellung wird mit ganz wenigen Ausnahmen gerne angenommen. Nur falls jemand einmal wirklich nichts damit anfangen kann, lassen Sie ihn selbst entscheiden, auf welche Weise er sich über seinem Lebensweg fortbewegen möchte.

Ich habe mir angewöhnt, direkt über dem Trauma heilendes Wissen und die positiven Erfahrungen, die dieses Erlebnis sicherlich auch hatte, in die Behandlung einfließen zu lassen. Die gesamte Arbeit verläuft dann leichter, denn meist lösen sich schon grosse Anteile der belastenden Emotionen bei diesem einfachen

Vorgang auf, und der Proband fühlt sich anschließend schon ein ganzes Stück besser.

Immer stelle ich jedoch die Frage, ob die Person den Eindruck habe, sie bräuchte noch weiteres Wissen oder Erkenntnisse über das betreffende Erlebnis welcher Art auch immer. Fällt die Antwort negativ aus, verzichte ich auf diese Intervention. Gelegentlich ist es nötig, ein paar klärende Worte zu der Art dieses Vorgangs zu sagen. Intellektuelle Patienten oder solche, die esoterisch bewandert sind und glauben, jedes Ding habe eine besondere Botschaft für sie, versuchen oft verzweifelt an den Wortlaut oder Inhalt des »Wissens« heranzukommen: »Da kommt aber nichts. – Ich höre keinen Satz. – Mir wird nicht gesagt, was ich verbessern soll«; usw.

Bei dem Wissen oder der Erfahrung, die ich ganz zu Beginn der Arbeit auf der Zeitlinie einfließen lasse, handelt es sich nicht um Buchstabenwissen, sondern um eine seelisch-körperliche Erfahrung, die eine sofortige partielle Erleichterung mit sich bringt. Aus diesem Grund habe ich das Bild des an einen goldenen Nebel gebundenen Wissens gefunden und mache den Klienten darauf aufmerksam, dass es sich dabei um ein Gefühl handele, um Wohlgefühl, Erleichterung oder Wärme und nicht um philosophische Botschaften aus dem Kosmos. Es geht hier also nicht darum, den Inhalt einer Information in Form eines Leitsatzes zu erfahren, sondern sie seelisch-körperlich zu erleben.

Wenn es schwer fällt, sich in seiner Vorstellung über seiner Zeitlinie nach links zu bewegen, dann lassen Sie den Kopf leicht nach links drehen. Das erleichtert die Arbeit auf der Zeitlinie bei bestimmten Personen ganz erheblich. In den meisten Fällen geschieht es sogar ganz automatisch, dass der Kopf sich in diese Richtung dreht, und Sie können an Ihrem Gegenüber gut beobachten, auf welche Weise er sich auf seinem Lebensweg bewegt. Es gibt auch Personen, die eher auf die Vorstellung reagieren, dass ihr Lebensweg an ihnen vorbeigleitet. Das kommt jedoch nur selten vor.

Bei besonders belastenden Ereignissen ist die Lösung nicht nur einfach links vom auslösenden Trauma in einer linear verlaufenden Vergangenheit zu finden. Hier tritt die Lösung erst dann ein, wenn tatsächlich ein Punkt in der Dreidimensionalität angepeilt wird. Dieser Punkt befindet sich meist räumlich VOR dem Patienten (und natürlich links in der Vergangenheit) und ist nur zäh, schwer und mit großer Anstrengung zu erreichen. Diese Information ist besonders dann zu beachten, wenn während der Sitzung keine nennenswerte Erleichterung empfunden wird. Viel zu oft wird nämlich vergessen, dass die Lösung des Traumas in Zeit UND Raum liegt und nicht nur auf der linearen Schiene zu suchen ist.

Wenn Sie zu zweit arbeiten, beobachten Sie das Gesicht Ihres Gegenübers genau. Wenn er sich über dem Ereignis befindet, verändert sich nämlich die Gesichtsfarbe. Sie wird blass oder grau, Falten bilden sich auf der Stirn oder um den Mund herum. Der Gesichtsausdruck wirkt besorgt oder angespannt. Sobald die Stelle erreicht wird, an der automatisch gelöscht wird, ist ebenfalls eine Veränderung der Hautfarbe zu beobachten. Die Haut wird rosig, oft sogar rot, dem Klienten wird warm, die Züge entspannen sich – und er lächelt. Die Falten werden glatter, weil sich die darunterliegenden Muskeln entspannen, Wärmegefühl

und leichter Schweiß entstehen. All dies sind die körperlichen Zeichen der Sympathikolyse, die anzeigen, dass eine Umschaltung auf das parasympathische Nervensystem erfolgt ist.
Wenn Sie diese Zeichen sehen, wissen Sie, dass die Arbeit erfolgreich verlaufen ist; es handelt sich hierbei um die von Dr. Hamer beschriebene Umschaltung von der Sympathikotonie auf die Vagotonie. Die beschriebenen Veränderungen unterscheiden sich natürlich graduell je nach Schwere der belastenden Situation. Es gibt aber auch physiologisch und psychisch eher langsam reagierende Menschen, bei denen der gewünschte Umschlag auf das autonome Nervensystem erst innerhalb der folgenden 48 Stunden geschieht. Seien Sie daher nicht ungeduldig, wenn diese Reaktion nicht sofort auftritt. Vertrauen Sie einfach auf die jahrtausendealte Erfahrung der Schamanen – und warten Sie! Die gewünschte Wirkung wird sich einstellen.

## 14. Nicht ganz zufrieden?

Gelegentlich verläuft die geschilderte Arbeit auf dem Lebensweg gut, dennoch bleibt ein kleiner Rest. Man hat das Gefühl, dass noch die diskreten Zeichen kleinerer Anspannungen im Gesicht oder in der Körperhaltung vorhanden sind, obwohl eigentlich alles ganz in Ordnung zu sein scheint.

Hier gibt es drei verschiedene Möglichkeiten, die ich empfehle, um die Arbeit zu einem guten Abschluss zu bringen – auch Ihr Partner wird den Unterschied merken und bestätigen, dass jetzt alles »wirklich« ganz in Ordnung ist!

Die erste Möglichkeit ist, etwas wirklich Schönes an Stelle des Traumas zu setzen. Fragen Sie: »Gibt es etwas Schönes, das du an diese Stelle setzen möchtest, etwas, das dir Geborgenheit, Liebe und Sicherheit vermittelt? Einen Ort in der Natur, den du liebst, eine Kerze, einen blühenden Rosenstrauch? Was würde dir dort am besten gefallen?« Damit führen Sie Ihren Partner noch einmal an den Ort des Traumas heran und lassen ihn diesen so lange verwandeln, bis dort ein wirklich wunderbarer Ort der Geborgenheit entstanden ist.

Um die zweite Intervention anwenden zu können, ist es nötig, den genauen Inhalt des belastenden Ereignisses zu kennen. Bei der Arbeit auf dem persönlichen Lebensweg ist es grundsätzlich nicht wichtig, den genauen traumatischen Vorgang zu kennen. Es ist ohne weiteres möglich, belastende Erlebnisse zu löschen, ohne seinem Gegenüber zu erzählen, was genau geschehen ist. Das ist sicherlich manchmal angenehm, wenn es sich zum Beispiel um ein peinliches Erlebnis handelt, das einen Menschen belastet und das er niemandem weitererzählen möchte, vielleicht auch, weil mehrere andere Personen noch darin verwickelt sind.

Das gilt jedoch nur, solange die Sitzung unkompliziert und unproblematisch abläuft. Wenn Schwierigkeiten auftreten, muss der leitende der beiden Partner genau wissen, wie es damals war, damit er erfolgreich ins Positive hinein verändern kann. Das ist mit der folgenden Technik leicht möglich. Es geht dabei nämlich darum, die traumatische Situation in Gedanken oder Bildern so umzuwandeln, dass der Betreffende sich wohl fühlt. Handelt es sich zum Beispiel um das Verwickeltsein in eine Schlägerei, kann die Situation auf verschiedene Weise umgewandelt werden. Wichtig ist, eine Vorstellung zu finden, von der sich der Betroffene angesprochen fühlt und bei der er Erleichterung spürt. So könnte er sich zum Beispiel vorstellen, durch einen Telefonanruf abgehalten worden und nicht auf die kritische Party, sondern ins Kino gegangen zu sein; er könnte während der Schlägerei so groß geworden sein, dass alle aus Angst vor dem Riesen Reißaus genommen hätten; allen Beteiligten könnte die Komik der Situation aufgegangen sein und der Ärger sich in versöhnendes Gelächter aufgelöst haben. Der Phantasie sind keine Grenzen gesetzt – wichtig ist nur, dass ein positives Bild angenommen wird und zum Wohlbefinden des Betreffenden führt.

Im Rahmen dieser Intervention ist es manchmal hilfreich sich vorzustellen, dass in der auslösenden

Situation Hilfe herbeikommt. So kann man sich vorstellen, dass eine himmlische Heilkraft mitten in das tragische Geschehen hineinströmt und heilt oder dass eine hinzukommende Person Schutz anbietet, um nur einige Möglichkeiten zu nennen. Häufig erleben Menschen ihre verstorbenen Eltern oder Großeltern, besonders Großmütter, als Unterstützung und Hilfe. Und fast immer stehen diese hinter der betreffenden Person, so dass ihr »Rücken freigehalten« wird, dass sie sich »anlehnen« kann, dass sie »gestützt« wird. Das erinnert an die Familienaufstellungen von Hellinger: Auch dort gehen große persönliche Veränderungen vor sich, wenn Familienmitglieder die ihnen gemäße Position einnehmen und verstorbene Eltern oder Großeltern ihnen »den Rücken stärken«.*

Oft ist es auch hilfreich, sich neue Strategien, Fähigkeiten und andere Kraftquellen vorzustellen, um Kraft und Stärke zu bekommen. Gelegentlich brauchen aber auch die anderen Personen, die noch in das Geschehen verwickelt sind, dieselbe Hilfe! Das Vorgehen ist wie folgt:

A: »Welche eine Fähigkeit oder Eigenschaft hättest du damals gebraucht, um diese Situation unbeschadet zu überstehen?«

B: »Ich hätte mehr innere Ruhe gebraucht.«

A: »Dann stell dir vor, wie diese innere Ruhe, die du damals so dringend gebraucht hättest, wie ein wunderschöner, leuchtender Nebel über dir schwebt und dann über deinen Scheitel in dich einströmt. Alle Kör-

---

* Vgl. Hellinger, Suitbert: »Ordnung der Liebe«, Heidelberg 1998

per- und Nervenzellen werden von dieser inneren Ruhe erfüllt ... Lass das geschehen, und wenn der Vorgang abgeschlossen ist, gib mir ein Zeichen ...«

B: » ... Jetzt ist es in Ordnung. Ich fühle mich viel besser, aber mein Chef ist noch wütend ...«

A: »Welche Fähigkeit oder Eigenschaft hätte dein Chef in dieser Situation gebraucht?«

B: »Er hätte Humor gebraucht ... und Verständnis.«

A: »Gut, dann lass doch Humor und liebevolles Verstehen in deinen Chef hineinströmen ...«

B: (lächelnd) »... Ja, ich sehe, wie er lächelt und freundlich abwinkt, ... der Streit kommt so gar nicht zustande.«

So einfach diese Techniken erscheinen, so wirksam sind sie auch. Ich konnte erleben, wie der Hass auf ihre Mutter, der sie jahrzehntelang gequält hatte, von einer Frau abfiel, als sie sich vorstellte, was ihre Mutter denn in einer bestimmten Situation gebraucht hätte. Die dritte Intervention können Sie anwenden, wenn zum Beispiel außer einem kleinen dummen Gefühl in der Brust oder im Bauch sonst alles gut ist. Vor allem Kinder sprechen gut darauf an, wenn man sie bittet sich vorzustellen, dass ihr Schutzengel komme und diese unangenehme Stelle herausnehme und durch ein kleines, strahlendes Lichtlein ersetze. Man kann sich aber auch einen Sonnenstrahl vorstellen, der sein heilendes Licht auf diese Stelle richtet und alles herauslöst, was noch stört. Kinder – und auch Erwachsene – sprechen besonders gut auf »Magic Words« an, eine Methode, in der Themen, die mit Angst besetzt sind, als Worte auf eine lustige Art und Weise geschrieben und gemalt werden.* Mit Magic Words können Kinder die Arbeit auf der Zeitlinie zu Hause entscheidend verbessern und haben damit ein

Instrument zur Hand, mit dem sie sich unproblematisch helfen können.

**Abb. 10:** Magic Word*

Welche Art der Intervention Sie auch wählen, fragen Sie sich oder Ihren Partner genau, welche ihm am meisten entspricht und gefällt. Nichts ist für beide Teile unbefriedigender, als etwa einem Agnostiker einen Schutzengel aufzuzwingen! Ist das heilende Bild gefunden, dann gehen Sie in eine leichte Trance und malen sich die verwandelnde Situation so lebendig aus, dass Sie sich in ihr vollkommen wohl und angesprochen fühlen. Wie schon zuvor erwähnt, können Sie am Gesicht sehen, ob die Intervention erfolgreich war, wenn Sie mit einem Partner zusammenarbeiten. Wenn Sie diese Übung allein machen, sollten Sie sich einfach nur wohlig und befreit fühlen.

Bei besonders schweren Erlebnissen oder bei bestimmten Persönlichkeitsstrukturen ist es von Bedeutung, den Menschen an einen neuen Aspekt des Bewusstseins hinzuführen, ihn in das große Konzept des

* Lola Siegmund, in: Cora Besser-Siegmund: »Magic Words«, Econ Verlag, Düsseldorf 1995, S. 113

Lebens hineinzustellen und ihn erfahren zu lassen, dass er in eine Liebe eingebunden ist, aus der wir nie herausfallen können. In welcher Weise und wie Sie das tun, bleibt ganz Ihrer Intuition überlassen.

Der amerikanische Psychologe und NLP-Trainer Tad James übermittelt den schönen Satz: »Die unendliche Quelle der Liebe und Heilkraft aus dem Kosmos fließt durch Sie hindurch ...«* Die meisten Menschen erleben unter solch einer positiven Suggestion eine sofortige Entspannung.

Es kann, wie oben erwähnt, auch hilfreich sein, den Schutz eines Familienmitglieds oder eines spirituellen Lehrers zu erfahren. Die Intervention könnte dann, wie folgt, lauten:

»Stell dir vor, dass deine Großmutter hinter dir steht, so dass du dich fest an sie anlehnen kannst. Nimm die Liebe und Fürsorge deiner Großmutter mit allen Zellen auf. Fühle ihre Stärke und Verlässlichkeit, ... gleichzeitig mit diesem guten Gefühl verschwindet die Traurigkeit; je stärker du ihre Liebe spürst, desto geringer wird deine Traurigkeit, so lange, bis du nur noch Liebe und Geborgenheit spürst ...«

---

* James, Tad: »Time Coaching«, Paderborn 1993

## 15. Warum wirkt diese Technik?

Wir können letztlich nicht genau sagen, weshalb und warum diese Technik wirkt, aber es gibt einige Erklärungsversuche, die sie uns verständlicher machen.

Die NLP-Practitioner sind, besonders wenn sie aus USA kommen, der Meinung, es genüge, nur einen Schritt aus dem traumatischen Ereignis herauszutreten – und schon sei alles gelöscht. Leider hat sich das in der täglichen (europäischen) Praxis nicht als reproduzierbar erwiesen. Nicht einmal mit Kindern ist es hierzulande möglich, ein unangenehmes Ereignis so einfach aufzulösen, indem der Betreffende sich vorstellt, nur einen einzigen Schritt aus dem Ereignis zurückzutreten. Anscheinend schlummert in unseren Genen viel zu sehr das »Faustische« unserer abendländischen Natur: Wir wollen alles verstehen und den Dingen auf den Grund gehen. Oft meinen wir, wenn wir wissen, wann und warum ein Problem entstanden ist und es uns selbst erklären können, es damit auch schon gelöst zu haben.

Wie also kommt die Wirkung zustande? Von einem deutschen Dichter (Name unbekannt) stammen die Zeilen: »Nur dreimal kirchturmhoch über den Dingen – und alles sieht so anders aus ...« Der Mensch wird klein wie eine Maus, wichtige Dinge werden zu Spielzeugen ... Nur dreimal kirchturmhoch ... der liebe Gott wohnt noch viel, viel höher droben, wie seltsam müssen *ihm* unsere Angelegenheiten erscheinen? Dieses entzückende Gedicht enthüllt einen Aspekt der Arbeit mit der Time-Line.

Auch wir schweben »dreimal kirchturmhoch« über unserer Zeitlinie, und natürlich verändert sich durch den Abstand und den Zeitrahmen auch die Emotion. Sie ist »so weit weg«, hört man oft von Klienten. Winzig unter uns liegend, wirkt das zuerst so bedrängende Ereignis auf einmal nicht mehr ganz so bedrückend. Von oben haben wir auch mehr Überblick, und wir sehen andere Zusammenhänge, die wir unten und mitten im Gewühl des Dramas gefangen, nicht wahrnehmen können.

»Kein Schaden ohne Nutzen«, das ist es, was wir manchmal erst aus der Distanz heraus erkennen können. Von oben zu sehen, was geschehen ist, stellt die Dinge wieder an ihren Platz im großen Konzept des Lebens und holt sie wieder aus ihrer Monstrosität heraus, setzt sie ins rechte Maß. All die Energie, die der Körper gebraucht hat, um das belastende Geschehen im Zellgedächtnis gegenwärtig sein zu lassen, um ihm die Macht zu geben, uns zu quälen, wird dann freigelassen:

Diese blockierten Emotionen lösen sich und setzen ein Energiegefühl frei, das mit Hitze, Röte, Entspannung und einem Lächeln verbunden ist. Wenn das geschehen ist, tritt automatisch ein Zustand der Neutralität ein. Das bedeutet nicht, dass wir anschließend alles großartig finden, was uns widerfahren ist, wie schlimm es auch gewesen sein mag. Das Geschehene wird vielmehr zurechtgerückt: Es ist nun einmal geschehen, und es war schrecklich – aber jetzt ist es vorbei, wir haben daraus gelernt – und das Leben geht weiter. Wir nehmen unsere Verantwortung an und gestatten es nicht, dass Ereignisse, die das Leben nun einmal mit sich bringt, unser Selbst überwältigen.

Menschen, die einst starr oder streitsüchtig waren, können im Alter überraschend milde werden – ein Vorgang, den viele schon an anderen oder an sich selbst erlebt haben. Denn die Zeit heilt, schenkt Einsichten, Erfahrungen und Abstand. Diesen Abstand der Jahre führen wir bei der Heilung des Lebensweges zwar gleichsam künstlich herbei, trotzdem tritt die befreiende Wirkung ganz selbstverständlich ein.

Ich glaube, dass uns Menschen all diese heilenden Mechanismen schon seit Jahrtausenden »eingebaut« sind, wir haben nur vergessen, sie zu nutzen. Indem wir uns in die Bilderwelt der Schamanen und in den Fluss der Zeit einklinken, bekommen wir wieder den Anschluss an diese alten, starken Kräfte.

Fast noch wichtiger erscheint mir die Überlegung, dass der Betroffene bei dieser Therapieform eine Strategie erhält, die er zur Zeit der Verletzung noch nicht hatte. Die Arbeit auf der persönlichen Lebenslinie verhilft dazu, einen neuen Kontext zu finden und sich an Fähigkeiten anzuschließen, die damals gerade nicht zur Verfügung standen.

Psychotherapie und die Arbeit auf der Zeitlinie können sich meiner Erfahrung nach hervorragend ergänzen. Was die eine Richtung nicht erreicht, kann der anderen gelingen. Ich bin aber nicht der Meinung, dass ein psychotherapeutisches Gespräch die Arbeit auf der Lebenslinie *ersetzen* könnte! Meine Erlebnisse mit den Patienten haben nämlich genau das Gegenteil gezeigt: Menschen, die jahrelang in psychotherapeutischer Behandlung gewesen sind und ihr Problem ganz genau kennen, es von allen möglichen Seiten her betrachtet und erörtert haben und auch wissen, woher es kommt, finden oft erst nach einer Time-Line-Arbeit die Möglichkeit, sich davon zu befreien. Im Gegensatz zu den gesprächsorientierten Lösungsmodellen fügt diese Arbeit noch eine andere Dimension hinzu. Das Empfinden des Patienten wird angesprochen und umgewandelt, er heilt sich selbst und hat die sinnliche Erfahrung,wie es ist, wenn liebende und verwandelnde Kräfte in ihm wirken. Psychotherapie ist eine willkommene Ergänzung, ersetzt aber diese spezifische Arbeit nicht.

Belastende Erlebnisse und traumatische Ereignisse, die uns nicht loslassen, können das nur deshalb, weil sie mit negativen Emotionen verknüpft sind. Darüber sollten wir uns vor der Arbeit auf der Lebenslinie klar sein und es auch unserem Gesprächspartner erklären. Es wird nämlich nicht das Ereignis selbst gelöscht oder gar weggezaubert, denn das ist schlichtweg unmöglich. Nur die damit verbundenen negativen Emotionen werden aus ihrer Fixierung gelöst. Diese negativen Gefühle sind im Gehirn abgespeichert und wirken sich so schädigend auf den ganzen Körper oder bestimmte Körperzonen aus (siehe 2. Kapitel, Hamer).*

In der Arbeit auf dem persönlichen Lebensweg werden die blockierten negativen Emotionen befreit, und damit kommt es über die zentrale Steuerung des Gehirns auch zu einer körperlichen Verbesserung, d.h. auch die in der einzelnen Zelle blockierten elektromagnetischen Abläufe können wieder ins Fließen kom-

---

* Vgl. Hamer, Dr. Ryke Geerd: »Vermächtnis einer neuen Medizin«, Köln 1987

men. Das erklärt die teilweise spektakulären Verbesserungen bei körperlichen Beschwerden nach einer solchen Sitzung.

Als Beispiel hierfür möchte ich die Geschichte einer Frau mittleren Alters anführen, die aus einer orthopädischen Praxis zu mir geschickt wurde. Sie litt seit einem 25 Jahre zurückliegenden Autounfall an den Folgen eines Schleudertraumas, konnte den Kopf kaum drehen und hatte chronische Schmerzen am Nacken- und Schultergürtel. Ich bearbeitete mit ihr den Unfall. Das war nicht einfach, denn die Frau war voller Widersprüche und konnte sich nur schwer in den Ablauf der Sitzung einfühlen. Beim abschließenden Test wirkte sie nicht befreit und zufrieden. Also fragte ich sie: »Wenn Sie die Stelle des Unfalls jetzt noch einmal betrachten, was spüren Sie dann?« »Wut! Ich bin so wütend, dass ich damals nicht aus dem Auto gestiegen bin und mich gewehrt habe!« Ich begab mich mit ihr erneut auf ihre Zeitlinie, um die im Geschehen blockierte Wut zu befreien. Nun wirkte sie entspannt und glücklich. Zwei Wochen später rief mich der behandelnde Orthopäde an, um mir zu sagen, dass die Patientin schon auf der Heimfahrt im Zug den Kopf wieder drehen konnte und jetzt beschwerdefrei sei.

Dieser Fall ist ein gutes Beispiel dafür, dass uns nicht (immer) das Ereignis selbst schädigt, sondern die im Körper blockierten negativen Emotionen, die damit verbunden sind.

# 16. Drei Fragen zuvor

So dringend manche Menschen sich wünschen, von ihren Symptomen befreit zu sein, so stark kann auch ihre unbewusste Angst davor sein, wenn sie verschwunden sind. Was wird dann sein? Haben wir dem eine Kraft entgegenzusetzen, die diese Lücke ausfüllt? Dem Gesunden mag es kaum verständlich sein, an etwas Schmerzlichem wider alle Vernunft festhalten zu wollen. Doch selbst regelmäßige Schmerzen sind etwas, an das wir uns gewöhnen können. Denken Sie jedoch einmal daran, welche persönlichen Rituale zum Beispiel bei einem Migräneleiden in den Alltag eingebaut werden – Ruhezeiten, Abdunkelung, Stille, da Licht und Geräusche schmerzen. Wenn die Migräne geheilt wird, entsteht hier ein Vakuum, das ausgefüllt werden muss.

Ich erinnere mich an ein fünfjähriges Mädchen, das eine grundlegende Angst vor dem Feuer, also auch vor Kerzen, bekommen hatte, seitdem im Kindergarten ein Adventskranz in Brand geraten war. Auch zu Hause durften in der Vorweihnachtszeit keine Kerzen angezündet werden, da das Kind mit Panik reagierte. Die anderen Familienmitglieder reagierten ungehalten, weil es ihnen diese schöne, besinnliche Zeit verdarb. »Ein klassischer Fall für eine Heilung der Zeitlinie«, dachte ich, »das wird ganz einfach sein!« – Ich brauchte allerdings vier Sitzungen, um das Kind von seinen Ängsten zu befreien! Bei der ersten Sitzung wurde die Angst gelöscht, kam aber zwei Tage später wieder. Endlich gestand mir das Mädchen, dass ihm ohne diese Angst etwas fehlen würde, so schrecklich sie auch sei, es könne sich an ihr festhalten und dadurch sicherer fühlen.

Nun war die Intervention klar, das Kind brauchte etwas anderes zum Festhalten! Ich führe dieses Beispiel auch deshalb an, weil es eine Ausnahme bildet – bei Kindern und Jugendlichen kann eine erfolgreiche Arbeit auf der Zeitlinie nämlich nur wenige Minuten betragen.

Um sich bei Erwachsenen vor diesen Boykotts des Unbewussten zu schützen, kann man schon im Vorgespräch Vorkehrungen treffen. Dieselben Sätze können Sie in ähnlicher Weise natürlich auch zu sich selbst sagen, wenn Sie alleine auf Ihrer Lebenslinie arbeiten möchten.«Du bist heute zu mir gekommen, weil du möchtest, dass deine Traurigkeit verschwindet. Ist das so?« »Ja.« »Du sagst jetzt ja. Aber wie steht es mit deiner Seele, ist auch sie bereit, die Traurigkeit loszulassen?« »Ja.« »Du hast Recht, es wäre ja auch völlig unsinnig, wenn du den ganzen weiten Weg zu mir gekommen wärst, um diese Traurigkeit dann schließlich doch behalten zu wollen? Was meinst du?«

Vor allem den letzten Satz können Sie bei stockenden Prozessen wieder einfließen lassen. Er ist fast immer erfolgreich. Auch Formulierungen wie: »Du hast mir doch zuvor versichert, dass du die Traurigkeit loswerden möchtest«, wirken als Katalysator.

Erklären Sie Ihrem Partner im Vorgespräch, dass er nichts verliert, wenn seine lange währende Störung verschwindet. Immer ist er um die Erfahrung und das Wissen reicher, die in der Situation beinhaltet waren, und sie sind das, was schließlich bleibt und nicht verloren geht. In der Sitzung werden nur störende Blockierungen losgelassen, die Erfahrung bleibt. Die quälenden, negativen Gefühle dagegen bieten weder Schutz noch geben sie Einsichten. Sie sind – schlicht gesagt – nichts anderes als Zeitverschwendung, denn was könnten Sie alles an Schönem unternehmen, was könnten Sie alles genießen, wenn Sie frei davon wären.

# 17. Die Reihenfolge der Emotionen

Wenn negative Gefühle gelöscht werden sollen, geht man etwas anders vor. Meines Erachtens ist die Reihenfolge, in der belastende Emotionen gelöscht werden, nicht von Wichtigkeit. Seien Sie in diesem Punkt flexibel und bestehen Sie nicht auf einer festgelegten Reihenfolge, wenn Sie mehrere negative Gefühle bearbeiten möchten. Normalerweise ist es am einfachsten, die am meisten störende Emotion zuerst zu behandeln.

Manche Menschen erweisen sich gerade beim Löschen von negativen Emotionen als schwierig oder störrisch; hier können Sie anders vorgehen. Jeder Behandler kennt Persönlichkeiten, deren bewusste oder unbewusste Absicht es ist, den Therapeuten zu entmachten. Sie leben einen tief sitzenden Ärger aus, der sich gegen die Person richtet, die anscheinend etwas besser kann als sie selber. Auch wenn Sie Ihrer Familie oder Ihren Freunden mit dieser Technik helfen möchten, können solche Momente entstehen. Bei solchen Menschen ist es von entscheidender Wichtigkeit, Wut und Ärger zuerst zu löschen, auch wenn sie wegen ganz anderer Probleme kommen. Der Grund dafür ist, dass erst, wenn Ärger und Wut aufgelöst sind, ein befriedigendes Arbeiten miteinander möglich ist. Der Betreffende muss dann nicht mehr »gewinnen« und dem Helfer zeigen, wer hier der Stärkere ist. Er kann zu seinem eigenen Wohlbefinden mithelfen, die schädigenden Emotionen aufzulösen und braucht sich nicht mehr selbst ein Bein zu stellen und die Sitzung zu boykottieren.

Wenn jemand wegen eines großen Traumas kommt, ist er oft emotional nicht dazu in der Lage, dieses starke Gefühl überhaupt anzugehen. Nicht selten hat er schon Angst davor, nur in der Nähe des Ereignisses zu schweben. Da hilft es wenig zu beteuern, dass er keine Angst zu haben bräuchte usw. Mein Rat ist hier: Lassen Sie das Trauma in Ruhe! Es ist besser, diese Arbeit einem ausgebildeten Therapeuten zu überlassen. Auch bei sich selbst ein Trauma zu heilen, ist nur mit fremder Hilfe möglich.

In solchen Fällen löschen Sie eine kleinere, störende Emotion, die dem Betreffenden nicht so wichtig ist. So gewinnt er Vertrauen in die Methode und sieht, wie unproblematisch diese Arbeit sein kann. Dann kann man sich in der nächsten Sitzung schrittweise dem eigentlichen Problem nähern.

# 18. Ursachen ausserhalb der bewussten Zeit

Wenn die Frage gestellt wird: »War die Ursache für diese Emotion vor, während oder nach Ihrer Geburt?«, bekommt man nicht selten zur Antwort: »Es ist seltsam und kann gar nicht sein ... aber ich meine, vor meiner Geburt.« Die weiterführende Frage des Therapeuten wäre dann: »War es in der Schwangerschaft oder noch früher?« »In der Schwangerschaft.« »Welcher Monat?« »Der dritte.«

Nachdem der Zeitpunkt der auslösenden Ursache auf diese Weise festgestellt wurde, kann die Arbeit auf der Zeitlinie beginnen und zwar genauso, wie ich sie im 11. Kapitel über die Technik beschrieben habe. Mittlerweile ist es allgemeines Wissensgut, dass Babys schon von intrauterinen Eindrücken geprägt werden können, und die meisten Menschen haben daher keine Schwierigkeiten, auch vorgeburtliche negative Erlebnisse zu bearbeiten. Nicht selten ist es so, dass sogar Bilder und Erinnerungen hochkommen, zum Beispiel ein Streit, den die Eltern während der Schwangerschaft der Mutter hatten. Diese Bilder erklären uns oft viele unserer Probleme: weshalb wir im Leben stets Schwierigkeiten hatten, mit Geld umzugehen, Vorträge zu halten, Vertrauen zu haben usw.

Anders sieht es aus, wenn die Antwort lautet: »Ich glaube, die Ursache liegt noch weiter zurück.« Hier kann man noch einmal nachfragen: »Zur Zeit der

Zeugung, der Empfängnis oder noch früher?« Ein weiteres »noch früher« bringt manche Menschen in Verlegenheit. Ist es jetzt angesagt, an frühere Leben zu glauben? Wie soll man mit einer solchen Antwort des Unbewussten umgehen? Ich bin der Meinung, dass niemand an frühere Leben glauben muss. Obwohl dieses Konzept in bestimmten Kreisen sehr populär ist, weiß kein Mensch, ob so etwas wie ein Vorleben tatsächlich existiert. Es gibt aber mehrere Erklärungsmodelle, die uns aus diesem Dilemma helfen. Wir sind alle durch das kollektive Unbewusste unseres kulturellen Umfeldes geprägt, worunter auch Prägungen sind, die uns möglicherweise störend beeinträchtigen können. Fragen von Moral und Schuld, andere soziale Übereinkünfte sind hier anzusiedeln. Die Kultur, in die wir hineingeboren sind, hat uns ebenfalls ihren Stempel aufgedrückt. Die Theorie der morphogenetischen Felder, die von Rupert Sheldrake* aus den früheren Forschungen weiterentwickelt wurde, zeigt, dass kein Mensch allein vor sich hinleben kann, sondern dass alle Erfahrungen und Erkenntnisse in der Welt sich auf der Photonenebene allen anderen Menschen mitteilen.

Eine weitere Möglichkeit von Ursachen außerhalb der bekannten Zeit sind genealogische (familiengeschichtliche) Prozesse. Jedermann weiß, dass in den ererbten Genen nicht nur körperliche, sondern auch psychische Dispositionen stecken. Mit der Haar- und Augenfarbe können wir zum Beispiel auch den Jähzorn des Großvaters geerbt haben.

---

* Vgl. Sheldrake, Rupert: »Das schöpferische Universum«, Berlin 1993

Um festzustellen, ob eine Blockade in der Familiengeschichte vorliegt, bevorzuge ich die Formulierung: »Haben Sie den Eindruck, die Ursache Ihrer Beschwerden (vor der Zeugung!) liegt in eigenen persönlichen Erfahrungen oder eher im Bereich der Familiengeschichte?« Wie die Antwort auch ausfallen mag, ich bitte den Klienten anschließend, sich vorzustellen, dass seine Zeitlinie noch viel weiter nach links reicht, bis weit über seine Geburt hinaus. Dann lasse ich ihn in diesem Bereich eine Stelle aussuchen, die ihm belastet erscheint, und arbeite mit ihm auf der Zeitlinie wie angegeben.

Besondere Vorsicht scheint mir angebracht, wenn Klienten im Gespräch ganz genau angeben, dass zum Beispiel im 23. Vorleben der Ursprung allen Übels liegen würde. Ich bleibe solchen Angaben gegenüber skeptisch, denn die Erfahrung hat mich gelehrt, dass wir es hier bisweilen mit dem Einstieg in ein Perpetuum mobile zu tun haben, das sicher mit einer neurotischen Störung des Klienten verbunden ist. Beim vorliegenden Beispiel ist es sehr wahrscheinlich, dass der Klient nach der ersten Arbeit ein neues Problem findet, das in noch früherer Vergangenheit liegt, und danach eines, das noch früher liegt usw. Kurz gesagt, alle möglichen Ursachen werden in angebliche frühere Leben projiziert und die Gegenwart wird dabei völlig vernachlässigt.

Mein Rat ist deshalb: »Bringen Sie erst einmal dieses Leben in Ordnung, bevor Sie sich ausführlich mit eventuellen früheren Leben befassen.« Ich erkläre in solchen Fällen, dass *ich* mich sicherer fühlen würde, wenn wir erst einmal ein paar kleinere Probleme aus diesem Leben lösen würden, um dann später die komplizierteren anzugehen.

Wie wichtig und erfolgreich es aber sein kann, Ursachen außerhalb der uns bekannten Zeit zu behandeln, möchte ich mit folgendem Beispiel verdeutlichen. Eine etwa fünfzigjährige Patientin suchte mich mit der Bitte auf, etwas gegen ihren Jähzorn zu tun. Sie hatte schon alle möglichen psychologischen und spirituellen Interventionen hinter sich, aber an ihrer Neigung zum Jähzorn hatte sich bis jetzt nichts geändert. Sie litt selbst am meisten darunter und entschuldigte sich anschließend immer bei den Betroffenen. »Wie alt muss ich noch werden, um dieses Problem zu meistern?«, fragte sie mutlos.

Auf die Frage, in welcher Zeit denn die Ursache ihres Problems liegen könnte, sagte sie zu ihrer eigenen Überraschung: »Weit vor meiner Geburt – aber es hat nichts mit mir persönlich zu tun.« Besser kann man nun eine genealogische Ursache kaum beschreiben. Wir machten uns an die Arbeit auf der Zeitlinie, die Patientin fühlte sich sehr wohl danach und erwähnte nebenbei, dass ihr Vater immer sehr jähzornig gewesen sei.

Einen Tag später rief sie an und teilte erfreut mit, dass die Wut verschwunden sei. Ihr Nachbar hätte sie noch am selben Abend »getestet«, er habe sie bei der Einfahrt in die Garage angepöbelt, worauf sie gewöhnlich zornig reagiert hätte. Jetzt hätte sie sich dagegen in einem freundlichen, nachsichtigen Gespräch mit ihm wiedergefunden und ihm so allen Wind aus den Segeln genommen. Bei späteren Kontakten mit ihr erfuhr ich, dass sie seitdem nie mehr unter Jähzorn gelitten habe.

## 19. Komplizierte Personen

Komplizierte Personen brauchen mehr Zeit, oft hilft es schon, ihnen die Arbeit auf dem Lebensweg (mehrmals) genau zu erklären. Es hilft ihnen auch, wenn sie sich hinlegen, damit sie sich entspannter fühlen. Weisen Sie die Person an, den Kopf nach links zu drehen, wenn sie über ihrem Lebensweg in die Vergangenheit schwebt. Bei komplizierten Personen empfiehlt es sich, wenn zum Beispiel Traurigkeit gelöscht werden soll, sich nicht mit der Frage »Wann war es das erste Mal, dass du traurig warst?« aufzuhalten. Das führt nur zu fruchtlosen Diskussionen. Bitten Sie diese Personen lieber, sich an irgendeine Begebenheit des Lebens zu *erinnern*, in der sie traurig waren. Das ist meist leichter möglich. Diese eine traurige Begebenheit wird dann gelöscht.

Bei komplizierten Personen ist es wichtig zu erklären, dass die Grundursache *nicht* bekannt sein muss, dass es genüge, wenn die Seele sie kenne. Es ist auch nicht erforderlich, dass auf dem Lebensweg Bilder oder Filmausschnitte wie im Kino gesehen werden. Eine diffuse optische oder kinästhetische Wahrnehmung ist vollkommen in Ordnung. Kennzeichnend für optische Wahrnehmungen sind Äußerungen wie: »Es sieht aus, als ob ein dunkler Fleck auf meiner Zeitlinie liegen würde. – An dieser Stelle sieht es aus wie Nebel.« Kinästhetiker (Empfindungstypen) äußern sich so: »Ich fühle mich unbehaglich an dieser Stelle. – Jetzt bekomme ich einen Druck auf der Brust.«

Bitten Sie einen komplizierten Patienten von vornherein, nicht in Jahren oder Ereignissen zu denken, wenn er sich über seiner Zeitlinie bewegt. Er verliert sonst den größeren Zusammenhang aus den Augen und die Arbeit verpufft gleichsam. Folgender Satz ist hierbei sehr hilfreich »Schwebe jetzt nach links in die weitere Vergangenheit hinein, ohne an Jahre oder an Ereignisse aus deinem Leben zu denken, sondern genieße es, in den freien Raum jenseits dieses Ereignisses hineinzuschweben ...«

Lassen Sie sich von Ihrem Partner nicht in eine Diskussion verwickeln. Sie führen ihn und lenken ihn immer wieder zu seiner Arbeit zurück. Auch Gespräche und Erklärungen über die Art des Problems sind während der eigentlichen Sitzung abzublocken. Häufig fällt diesen Personen, während sie über die Zeitlinie gleiten, noch ein zweites und drittes Problem ein. Schwierige Menschen neigen auch dazu, während der Arbeit zu viel zu reden oder abzuschweifen, sie verlieren sich in Begründungen und Erinnerungen. Zeigen Sie hier Ihre Fähigkeit, den Betreffenden sanft aber bestimmt zu führen. Die Arbeit auf der Zeitlinie ist kein zu erörternder Vorgang, sondern sie bedarf einer gewissen Technik, die genau ausgeführt werden muss, damit sich der gewünschte Erfolg einstellt.

Wenn gar nichts mehr hilft und der Betreffende nicht in der Lage ist, die Arbeit nach Ihrer Anweisung auszuführen, gibt es noch eine gute Möglichkeit der Hilfe. Weisen Sie ihn an, das betreffende Stück aus seiner Zeitlinie herauszunehmen und durch ein neues, schöneres, strahlendes zu ersetzen. Dazu sind die meisten Menschen in der Lage, auch wenn sie sich nicht länger konzentrieren können. Sie können das mit folgenden Worten tun: »Stell dir vor, dass du diesen dunklen Fleck aus deiner Zeitlinie herausschneidest. An dieser Stelle fügst du nun ein wunderschönes goldenes Stück in deinen Lebensweg ein, das strahlt und leuchtet und deine Zeitlinie erstrahlen lässt.« Meistens wird diese positive Vorstellung als sehr angenehm empfunden.

# 20. Was tun, wenn?

Nicht immer geht die Arbeit auf der Zeitlinie so glatt vonstatten, wie wir uns das wünschen. Wenn plötzlich der Prozess stockt, ist es gut, Ihren Partner – oder sich selbst – daran zu erinnern, dass er Ihnen versichert hat, er sei willens, die belastende Emotion heute loszulassen. Wenn das nichts hilft, erinnern Sie ihn daran, dass er den Weg zu Ihnen umsonst gemacht hätte, wenn er die Arbeit jetzt abbreche. Sagen Sie ihm, dass er im Widerspruch zur ursprünglichen Absicht seiner Seele handelt, die möchte, dass er vollkommen gesund und glücklich ist. Will er trotzdem aussteigen, dann lassen Sie ihn! Es ist jederzeit möglich, aus der Zeitlinie auszusteigen. Das Beenden geschieht immer auf die gleiche Weise: Strecken Sie sich, gähnen Sie, drehen Sie den Kopf und öffnen Sie die Augen, oder bitten Sie Ihren Partner, dies zu tun.

Manchmal erkennt ein Mensch während des Prozesses, dass der Sekundärgewinn, den er aus seinem Leiden zieht, tatsächlich größer ist als die Vorteile der Gesundheit. Hier gibt es folgende Möglichkeiten der Intervention: »Du behältst den Gewinn, die Erfahrung und das Wissen aus dieser Situation, nur das negative Gefühl wird losgelassen.« Wenn das nichts nützt, ist es notwendig, gemeinsam Möglichkeiten zu finden, die durch die Störung entstandenen Vorteile auf eine andere, weniger schmerzhafte Art und Weise zu bekommen. Im Falle eines Migränepatienten, der Tage der absoluten Ruhe braucht, wenn er seine Schmerzanfälle hat, könnte die Intervention so lauten: »Wie kannst du die Ruhe, die du brauchst, behalten und sie auf andere Weise als bisher bekommen? Was kannst du an deinem Leben verändern, so dass du die nötige Ruhe hast – und zwar, ohne jedes Mal Migräne bekommen zu müssen?« Die Vorschläge können sich im Rahmen von »jeden Tag eine halbe Stunde für mich« bis zu »eine Stunde pro Woche für mich ganz allein« bewegen.

Hier können Sie sagen: »Frage dein Inneres, ob es damit einverstanden ist, auf die Migräne zu verzichten, wenn du eine Stunde pro Woche in absoluter Ruhe für dich selbst reservierst?« Wenn ein »Ja« kommt, kann man die Arbeit auf der Zeitlinie fortsetzen. Wenn nicht, bedarf es so lange weiterer Verhandlungen, bis eine akzeptable Möglichkeit gefunden worden ist.

Die hier geschilderte Arbeit am Lebensweg ist jedoch meist so erfolgreich, dass auch scheinbar mangelhafte Sitzungen zu den gewünschten Ergebnissen führen können. Hierfür möchte ich ein Beispiel aus meiner Praxis anführen.

Ein achtzigjähriger flotter alter Herr wurde mir von einer Arztpraxis geschickt. Er hatte vor zwei Monaten ein schreckliches Erlebnis gehabt: Nach einer gut verlaufenen Operation ging er mit seiner Frau spazieren. Plötzlich verlor er einen riesigen Schwall Blut, der nicht mehr zu stillen war. Er wurde wieder operiert; anscheinend hatte man vergessen, eine Ader korrekt zu verschließen. Nach diesem Vorfall konnte er den Schock, den das herausschießende Blut verursachte, nicht mehr vergessen und konnte seitdem nicht mehr schlafen. Was für ein geeigneter Anlass für eine Arbeit auf der Zeitlinie, dachte ich mir: Wie froh wird er sein, wenn der Schock verschwunden ist! Ich hatte aber nicht mit der persönlichen Eigenart des alten Herrn gerechnet. »Liebe junge Frau, das was Sie mir da sagen, habe ich mir schon alles selbst überlegt. Es nützt nichts, wenn ich mir das aus einer Entfernung ansehe …« Kurz, er boykottierte etwa eine Stunde lang all meine Versuche, bevor ich ihn schließlich unverrichteter Dinge entließ. Am Abend rief ich seine Ärztin an, um ihr zu sagen, dass mir die Arbeit nicht gelungen sei. Sie hatte schon davon gehört und berichtete, der alte Herr habe ihr Folgendes gesagt: »Eine nette Person, zu der Sie mich da geschickt haben … aber einen Schmarren macht die in ihrer Praxis …«

Nun, man muss auch mal verlieren können, dachte ich und vergaß die ganze Geschichte. Etwa drei Wochen später rief mich der alte Herr an, um sich persönlich für die gute Behandlung zu bedanken, er könne seit einer Woche wieder gut schlafen, und der Schock sei endgültig vergessen.

Ich habe dieses Beispiel angeführt, um Mut zu machen. Auch unvollkommene Sitzungen mit komplizierten Menschen können sich im Nachhinein als sehr erfolgreich erweisen. Es ist auch unter schwierigen Umständen sicher besser, eine Arbeit auf der Zeitlinie, wie unvollkommen sie auch sein mag, in Angriff zu nehmen, als sie ganz sein zu lassen.

## 21. Erste Hilfe bei Schock

Bei Menschen, die ein schweres Trauma erlitten haben, das noch frisch ist, ist es nicht möglich, mit der Zeitlinie, so wie ich es dargestellt habe, zu arbeiten. Wenn eine Frau plötzlich von ihrem Mann verlassen worden ist und seitdem unaufhörlich weinen muss, ist sie so von dem Geschehen absorbiert, dass sie sich nicht auf die korrekte Trancearbeit konzentrieren kann. Hier sollte ein ausgebildeter Therapeut aufgesucht werden! Wenn aber eine Art erster Hilfe gebraucht wird, sollten Sie es vorsichtig versuchen.

In solchen Fällen hilft es dem Betroffenen, sich in Verbindung zu seinen Ressourcen zu setzen. Bitten Sie die Person, sich das traumatische Ereignis vorzustellen – aber erst nach einem ausführlichen Vorgespräch! –, erklären Sie, dass Sie wüssten, wie schwer ihr das falle, dass Sie versuchen würden, eine kleine Verbesserung zu erreichen.

Stellen Sie dann die Frage: »Was hättest du in dieser schlimmen Situation gebraucht, um sie unbeschadet zu überstehen? Welche Fähigkeit, welche Eigenschaft?« Je nach Aussage der Person suggerieren Sie, dass genau die benötigte Eigenschaft in sie hineinströme, bis alle Zellen vollkommen damit gesättigt seien. Meist wird der Mensch schon nach wenigen Minuten ruhiger und gefasster. Dieser Vorgang lässt sich mit verschiedenen Eigenschaften wie Mut, Ruhe, Liebe Geborgenheit usw. der Reihe nach durchführen.

Man kann diese Arbeit noch weiter fortsetzen und auch fragen, welche Fähigkeiten oder Eigenschaften der oder die anderen Beteiligten an der Situation gebraucht hätten, und dann imaginieren lassen, dass diese in die Betreffenden einströmen.

Nun bittet man die Person, sich vorzustellen, wie anders die Situation verlaufen wäre, wenn alle Beteiligten diese Fähigkeiten gehabt hätten. Gerade diese Vorstellung kann dem Betroffenen tiefen inneren Frieden bringen.

Mit diesen Interventionen hat man eine Soforthilfe zur Hand, die auch bei Traumen gut einzusetzen ist und bald eine gewisse Beruhigung mit sich bringt. Es ist absolut kontraindiziert, bei akuten Traumen eine Arbeit auf der Time-Line, wie sie in Kapitel 12 »Die Technik« beschrieben wurde, vorzunehmen!

## 22. Time-Line und die Zukunft

Die Zeitlinie aller Menschen verläuft von der Vergangenheit über die Gegenwart in die Zukunft hinein. Weiter oben habe ich die Arbeit an Verletzungen geschildert, die in der Vergangenheit lagen. Es ist nur natürlich, danach zu fragen, ob dieselbe Arbeit auch für die Zukunft möglich ist. Sie ist es, allerdings unter gewissen Bedingungen.

Im Schamanismus begibt sich der Schamane in die Obere Welt zum Fluss der Zeit, um in die Zukunft sehen zu können und um Unheil abzumildern. Er tut dies nicht aus Neugier oder Selbstsucht, sondern von dem Wunsch beseelt, leidenden Menschen zu helfen. Während seiner Arbeit vergewissert er sich stets, dass er mit seinen geistigen Lehren und andern guten Kräften und Hilfsgeistern verbunden ist, die ihn bei seiner Arbeit unterstützen. Wenn alles abgeschlossen ist, bedankt er sich demütig bei den kosmischen Kräften, ohne deren Hilfe er nichts vermag.

Im NLP dagegen wird die Time-Line der Zukunft vor allem aus persönlichen Gründen verwendet. Es geht hier zunächst um ein Mehr an Erfolg, Geld und gutem Leben. Auch das Erscheinen der passenden Lebenspartner wird hoffnungsvoll an die geeignete Stelle in der Zukunft gesetzt. Gegen all das ist natürlich nichts einzuwenden, so lange die Betreffenden nicht glauben, dass sie ihr Schicksal manipulieren könnten. Auch die Vision einer geraden, hell erstrahlenden Time-Line, die ohne Hindernisse in die Zukunft verläuft, beinhaltet leider keinerlei Aussage über eine strahlende und problemlose Zukunft. Zu oft habe ich in meiner Praxis Menschen erlebt, die fassungslos nach einem Schicksalsschlag sagten: »Aber wie ist das möglich? Ich habe alles so gut programmiert, und mein Weg in die Zukunft verlief schnurgerade und hell!« Wunsch und Wirklichkeit klaffen leider oft auseinander. Es ist verständlich, dass wir uns ein möglichst problemloses Leben wünschen. Aber es entbehrt nicht einer gewissen Komik, wenn wir empört sind, weil die strahlend programmierte Zukunft einiges an Erschütterungen und Hürden mit sich bringt ... obwohl diese doch nicht eingeplant waren!

Der Kontakt zur Spiritualität und das Eingebundensein des Einzelnen in das große kosmische Geschehen sollte stets gesehen werden, rein materielle Ziele sind nicht von Vorteil. Nicht jeder Mensch kann kreativ, dynamisch und erfolgreich sein, wie es der Zeitgeist von uns fordern mag. Es darf auch andere Menschen geben, die andere Ziele haben. Und schließlich gibt es noch ein größeres Ganzes, das zu steuern wir nicht in der Hand haben.

Die Psychologin Elisabeth Lukas, persönliche Schülerin des Begründers der Logotherapie, Viktor Frankl, hat einige Punkte zusammengestellt, die sinnvolle Lebensziele definieren. Die Kriterien hat sie, wie sie schreibt, nicht aus theoretischen Lehrbüchern jedweder Art zusammengestellt, sondern ihrer täglichen Arbeit mit Patienten entnommen.

Ein sinnvolles Ziel ist demnach:

»– was eine überragende Chance hat, Gutes zu wirken,
– was das Wohl aller Beteiligten mit betrachtet,
– was frei von selbstsüchtiger Motivation ist,
– was im Hier und Jetzt äußerst konkret ist,
– was nicht überfordert und nicht unterfordert,
– was einem die Kraft es zu wollen, zufließen lässt.«*

Es gibt immer wieder Kraft, wenn man diese Lebensziele einmal durchliest und mit den vermeintlichen oder tatsächlichen Anforderungen der modernen Welt vergleicht.

Die Arbeit auf der Zeitlinie ist im Bezug auf die Zukunft nur dann sinnvoll, wenn man sich vor einem zukünftigen Ereignis fürchtet, wie zum Beispiel vor einer Operation, vor einem Verwandtenbesuch, einer Prüfung usw.

Die Technik geht wie folgt:

Schweben Sie über Ihrer Zeitlinie ein Stück nach rechts in die Zukunft hinein und zwar über das zu erwartende Ereignis hinaus. Wenn Sie sich vor einer Prüfung fürchten, dann begeben Sie sich so weit nach rechts, bis Sie über der Stelle sind, an der das Ereignis, in diesem Falle die Prüfung, erfolgreich beendet ist. Stellen Sie sich also vor, was Sie tun werden, wenn Sie die Prüfung bestanden haben: eine Feier mit Freunden, ein Glas Sekt oder eine Tasse Tee genießen usw. Dieses Bild wird so schön, groß und strahlend gemacht wie nur möglich. Lassen Sie dieses Bild auf die

---

* Lukas, Dr. Elisabeth: »Lebensstil und Wohlbefinden«, München 1999, S. 21

Lebenslinie herabsinken und schweben Sie noch ein Stück in die Zukunft hinein. Von dort betrachten Sie es wie einen Torbogen durch den Sie einmal schreiten werden, und schweben dann wieder in die Gegenwart zurück.

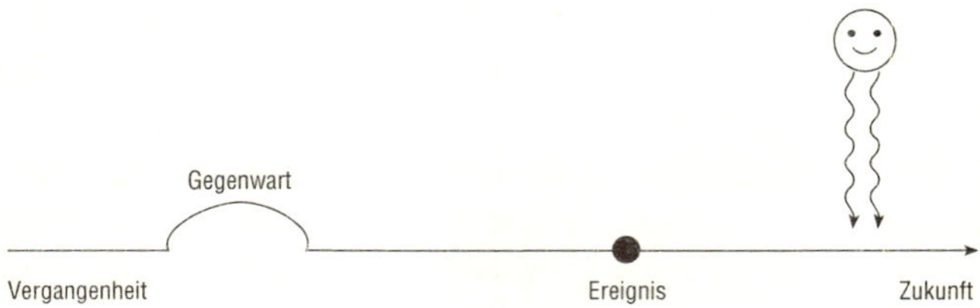


**Abb. 11:** Löschen von Angst in der Zukunft

Diese Intervention dauert nur wenige Minuten. Abschließend wird getestet, ob die Behandlung erfolgreich war. Ich tue das mit der Frage: »Wie geht es dir, wenn du jetzt an die Prüfung denkst?« Die Antwort sollte ein Lächeln mit der Aussage »gut« sein.

Mit dieser Methode der Arbeit in der Zukunft kann man sich auch selbst sehr gut helfen, wenn belastende Ereignisse anstehen, was bei einer Time-Line in die Vergangenheit schwerer möglich ist. Sie ist ein wunderbares Instrument, um Menschen bei all den vielfältigen Ängsten, die unser Leben betreffen, zu helfen: Angst vor dem Zahnarzt, Angst vor Prüfungen, vor Operationen und schließlich die Angst vor dem Sterben und dem Tod. Auf letztere werde ich später noch gesondert eingehen.

Hier möchte ich die dringende Bitte aussprechen: Bitte, wenden Sie hier keine Methode wie das so genannte positive Denken an! Im positiven Denken stellt sich der Proband ein (negatives) Ereignis so lange positiv vor, bis er davon überzeugt ist, dass es auch so sein wird. Mit dieser Technik wird das Geschehen selbst, zum Beispiel die Prüfung, imaginiert. Beim Positiven Denken lässt man, um beim Beispiel der Prüfung zu bleiben, immer wieder Bilder vor seinem geistigen Auge vorbeiziehen, die den Betroffenen *während* der Prüfung zeigen: Er löst strahlend alle Aufgaben, schreibt Seite um Seite, steht frei Rede und Antwort. Diese Methode ist gut und hat durchaus ihre Vorteile, sollte aber nicht mit der Arbeit auf der Zeitlinie vermischt werden, denn sie befreit nicht von Ängsten und Befürchtungen, die die Zukunft betreffen.

Bei der Arbeit auf der Time-Line tritt dagegen eine spürbare und sichtbare Befreiung von der Angst ein. Im Unterschied zum positiven Denken wird das angstmachende Ereignis völlig außer Acht gelassen. Der Klient beschäftigt sich nur damit, was er alles tun würde, nachdem es erfolgreich abgeschlossen ist.

# 23. Im Frieden mit der Vergangenheit

Das Bewusstsein vieler Menschen ist heute offen für die Möglichkeit eines »früheren Lebens«. Ich bin immer wieder erstaunt, welche Akzeptanz diese Vorstellung bei Personen findet, bei denen man es nicht vermuten würde. In Träumen oder bei Rückführungen werden Situationen erlebt oder gesehen, die sich im Alltag als belastend erweisen und darüber hinaus Menschen in einer unangemessenen Art und Weise aneinander binden können.

Dazu möchte ich einige Beispiele anführen:

Eine Mutter, die ein sehr schwieriges, aggressives Kind von sechs Jahren hat, hatte während einer Rückführung den Eindruck, in einem früheren Leben dieses Kind abgetrieben zu haben. Die heutigen Aggressionen des Kindes erklärt sie mit diesem Ereignis aus einem Vorleben. Sie fühlt sich deshalb schuldig, kann aber nichts mehr an der »Tatsache« ändern, denn geschehen ist geschehen.

Hier ist es hilfreich, diese Frau zu bitten, sich als junge, schwangere Frau in ihrem Vorleben vorzustellen. Dazu schwebt sie über ihrer Lebenslinie bis weit über die Geburt hinaus. Wenn sie die Stelle gefunden hat und sich in dieses Bild hineindenkt, kann sie den Kummer und die Verzweiflung ihres jüngeren Selbst nachfühlen und besser verstehen. Ganz wichtig ist dabei, nicht in solch negativen Gefühlen wie Schuld, Reue, Depression zu verweilen, sondern neue und stärkende Kraftquellen hinzuzufügen.

Fragen Sie: »Was hättest du damals gebraucht, um diese Situation unbeschadet zu überstehen? – Einen Menschen, der dir geholfen hätte, eine liebevollere Umgebung, mehr Selbstvertrauen usw. Stell dir jetzt vor, dass genau die Energie oder Hilfe, die du damals gebraucht hättest, wie ein lichter, warmer Nebel in dich hineinströmt.« Die Person entspannt sich und stellt sich dabei vor, dass all diese positiven Vorstellungen nun in sie fließen, und zwar so lange, bis sie sich vollkommen wohl fühlt. Oft verändert sich dann die Situation in der Vergangenheit so, dass das belastende Ereignis gar nicht stattfindet. Diese Technik ist auch dann sehr wirksam, wenn man sie alleine durchführt, und ich bin immer wieder erstaunt über ihre Wirkung. Trauer und verborgene Schuldgefühle legen sich meist in wenigen Tagen und das belastende Thema ist dann wirklich abgeschlossen.

Ein anderes Beispiel betrifft Menschen, die sich in aussichtslose Liebesbeziehungen verrannt haben. Ein verheirateter Mann mit vier Kindern hatte sich unsterblich in eine ebenfalls gebundene Frau verliebt. Er war der festen Überzeugung, sie aus einem früheren Leben zu kennen und stand unter dem Zwang, den Zustand dieser angeblichen Vergangenheit wieder herzustellen. Er träumte immer wieder von dem Vorleben, in dem sie beide ein Paar waren und voneinander getrennt wurden. Die Verliebtheit wurde so stark, dass diese ihn quälte und seine alltägliche Arbeit behinderte, denn sie beherrschte seine Gedanken. Er suchte ständig nach Möglichkeiten, diese Beziehung auch in seinem jetzigen Leben zu verwirklichen, was den beruflichen und privaten Ruin bedeutet hätte.

Um ihm helfen zu können, behandelte ich seine Träume so, als ob sie tatsächliche Ereignisse gewesen wären. Ich bat ihn, mir die geträumte Situation aus seinem früheren Leben zu schildern: »Ich lebte als Priester in Griechenland und wollte die Frau, die ich liebte heiraten. (Orthodoxen Priestern ist die Ehe erlaubt.) Wir liebten uns sehr, aber sie wollte ein freieres und ungebundeneres Leben führen und trat von ihrem Heiratsversprechen zurück. Ich war sehr, sehr traurig, aber sie war fest entschlossen. Sie verließ mich, und ich versuchte mich auf meine Arbeit zu konzentrieren, aber ich konnte sie trotzdem nie vergessen.«

Dann fragte ich ihn, was er damals an Informationen oder Eigenschaften gebraucht hätte, um sein Leid zu vergessen. »Die Gewissheit, dass wir uns wiedersehen, dass wir uns nahe sein können, in welcher Zeit auch immer. Die Gewissheit, dass nichts von unserer Liebe verloren geht.« »Stellen Sie sich vor, dass dieses Wissen jetzt ganz golden und warm in Sie hineinströmt, all Ihre Zellen saugen es auf – genau das Wissen, das Sie damals so dringend gebraucht hätten. Lassen Sie sich Zeit damit – wie ein leeres Gefäß füllen Sie sich immer mehr mit diesem goldenen, warmen Licht ...«

Nach zwanzig Minuten fühlte er sich besser und konnte die Sitzung für sich abschliessen. Er berichtete sofort, dass der quälende Zwang, mit dem er stets an die Frau denken mußte, verschwunden war. Den Zustand unmittelbar nach der Behandlung erlebte er als Vakuum, das er erst wieder auffüllen müsse. Natürlich braucht eine Intervention, die sich mit einem so lange zurückliegenden Problem beschäftigt, eine Zeit lang, um sich auswirken zu können. Er berichtete nach ein paar Tagen, dass er wie befreit sei. Die Frau sei ihm immer noch sehr sympathisch, aber er wüsste nun um seinem Platz im realen Leben. Jetzt könne er auch ihre Gegenwart genießen, ohne sich mit sehnsüchtigen Liebesgefühlen abquälen zu müssen.

Ich nehme solche Vorgänge ernst, auch wenn es anderen vielleicht unrealistisch erscheint, sich mit Vermutungen über angebliche frühere Leben zu befassen. Wir wissen noch viel zu wenig über die Art, wie Erinnerungen verarbeitet und weitergegeben werden. Ich halte es für wahrscheinlich, dass in unseren Genen auch Erlebnisse aus der Vergangenheit unseres Kulturraums oder unserer Familiengeschichte gespeichert sein können. Sie vererben sich möglicherweise genauso wie andere körperliche Merkmale, wie etwa die Haar- und Augenfarbe, die Größe oder die Blutgruppe.

## 24. Kontraindikationen

Dieses Buch ist als Anleitung zur Selbsthilfe gedacht. So heilsam und einfach die Methode der Arbeit an der Zeitlinie auch scheinen mag, sie ist trotzdem nicht für alle Menschen und Situationen geeignet. Es gibt Personen und Anlässe, bei denen sie Laien nicht anwenden sollten. Auch für Fachleute gibt es ausgesprochene Kontraindikationen, die unbedingt zu beachten sind. Die wichtigste Kontraindikation betrifft den Zustand des zu Behandelnden. Wenn er sich gerade mitten in einem dramatischen, aufwühlenden Geschehen befindet, ist die Arbeit auf der Time-Line kontraindiziert.

Der folgende Abschnitt ist deshalb mehr für professionelle Behandler gedacht, er ist aber sicher auch für Nicht-Fachleute interessant. Ich erinnere mich an den Fall einer Klientin, die gegen ihren Willen in eine sehr belastende und aufregende Erbschaftsangelegenheit verwickelt wurde, durch die die ganze Familie gegeneinander aufgebracht wurde. Hier sollte ich helfen. Ich machte mich zuversichtlich an die Arbeit auf der Zeitlinie. Als sich die Klientin dem Ereignis auf der Time-Line näherte, bekam sie noch bevor die eigentliche Arbeit begann, einen Herzanfall und musste notärztlich versorgt werden.

Aus diesem schrecklichen Vorfall habe ich gelernt, dass mitten im Trauma ein Gespräch hilfreicher ist als die Arbeit auf der Zeitlinie. Ohne hier näher darauf eingehen zu wollen, wäre in diesem Fall auch eine schamanische oder andere Behandlung, während der die Betroffene passiv ist, angebrachter und hilfreicher gewesen. Zunächst muss dafür gesorgt werden, dass die Person innerlich ruhiger wird, da sie so im Geschehen gefangen ist, dass sie sich nicht konzentrieren kann. Wenn sie sehr emotional und unruhig oder betroffen ist, lasse ich sie erst einmal hinlegen. Ich behandle die vegetativen und emotionalen Punkte im Ohr mit Akupunktur und bestrahle sie mit einer vegetativ beruhigenden Farbe nach der Farb-Therapielehre von D. Ghadiali.* Nach einer halben Stunde beginne ich ein Gespräch mit ihr und achte darauf, dass es einige heilende und beruhigende Elemente enthält.

Es gibt aber noch andere Kontraindikationen, die nicht in der augenblicklichen Situation, sondern in der Persönlichkeit selbst liegen. So ist eine der Vorbedingungen für die Arbeit auf der Zeitlinie die, sich für eine kurze Zeit konzentrieren zu können. Bei Personen, die sich nicht konzentrieren können, ist diese Arbeit, auch nur ansatzweise, nicht möglich. Heutzutage gibt es eine Vielzahl von Konzentrationsstörungen, manische Ideenflucht, Logorrhöe usw.,** so dass ich bei Personen, die mir im Vorgespräch verdächtig erscheinen, immer vor Beginn der Sitzung frage, ob sie dazu in der Lage seien, sich fünfzehn Minuten lang zu konzentrieren. Wenn nicht, schlage ich ihnen eine andere Behandlungsart vor.

---

* Vgl. Hackl, Monnica: »Farben- und Chromotherapie nach Dinshah«, Stuttgart 1998

** Vgl. Frank, Dr. Wolfgang: »Lehrbuch der Psychiatrie«, Neckarsulm 1985, S. 13, 14 ff., 71, 128; vgl. Tölle, Dr. Rainer, »Lehrbuch der Psychiatrie«, Berlin 1982, S. 181, 233, 239, 259, 269. 278, 303

Auch die verschiedenen Persönlichkeitsstörungen, mit denen man heutzutage in der Praxis in Berührung kommt, sind häufig eine Kontraindikation, wenn man mit der Zeitlinie arbeiten möchte. Ich denke da an wahnhafte Persönlichkeitsstörungen, Borderline, an Denkstörungen oder Demenz. Während es möglich ist, in gewissem Masse mit Borderline-Patienten oder Patienten mit Persönlichkeitsstörungen zu arbeiten, ist es bei Demenz und Denkstörungen dagegen unmöglich! Eine gewisse Intelligenz und Denkfähigkeit ist nämlich bei dieser Arbeit unabdingbar.

Bei Borderline und ähnlichen Störungen kann ein geduldiger Therapeut mit Time-Line-Techniken dem Patienten Erleichterung verschaffen. Das funktioniert natürlich nicht bei allen Patienten und bei allen Schweregraden der Erkrankung. Niemand liebt diese Methode mehr, als Menschen mit Persönlichkeitsstörungen! Sie drängen sich geradezu danach, mit dieser Methode behandelt zu werden. Wenn ein Patient sich darauf einlässt, dann heißt das für den Therapeuten, dass er auch winzige Entwicklungschritte zu schätzen lernt. Es heißt ebenfalls, dass er von der Idee, eine Zeitlinie in einer Sitzung abschließen zu müssen, Abstand nimmt. Denn auf den Zeitlinien der Patienten türmen sich Hindernisse über Hindernisse auf: Es ist wie mit dem berühmten Drachen des Märchens; wenn ihm ein Kopf abgeschlagen wird, wachsen ihm wieder drei nach. Ich pflege jede Arbeit auf der Zeitlinie bei diesen Patienten nach einer gewissen Zeit (45 bis 60 Minuten) zu beenden. Dazu verwende ich folgende Worte:

»Wir können diese Arbeit heute nicht vollständig abschließen. Ihre Beschwerden bestehen schon so lange, dass das so schnell nicht möglich ist. Aber ich möchte, dass Sie einen freundlichen Bewacher an diese Stelle Ihrer Zeitlinie stellen, der den Vorgang der Heilung, der auch abläuft, wenn Sie nicht auf der Zeitlinie arbeiten, die nächsten Wochen bewacht und schützt. Heilung braucht Zeit, und so stellen Sie sich einen Beschützer vor, der diese Stelle mit einem heilenden Licht erfüllt und die Arbeit begleitet, bis wir uns das nächste Mal wiedersehen.«

Mit solchen Menschen zu arbeiten, bedeutet jahrelange Kontakte mit ihnen zu haben; die Arbeit ist nicht in einigen wenigen Sitzungen abgeschlossen. Ich überlasse es den Patienten selbst, sich bei mir für eine weitere Sitzung zu melden, wenn sie das Gefühl haben, dass wieder etwas ansteht, das sie bearbeiten möchten. Anfangs kommen sie einmal in der Woche, später werden die Abstände größer. Das heißt nichts anderes, als dass sie sich besser fühlen. In der Regel nehmen sie alle vier bis acht Wochen einen Termin wahr. Und es ist ganz erstaunlich, wieviel mehr Realitätssinn und innere Zufriedenheit sie nach ein bis zwei Jahren der Therapie verspüren. Der Unterschied ist augenfällig.

# 25. Ideale Lösungen

Die ideale Lösung in der Arbeit am Lebensweg wäre, wenn das früheste Problem, die Ursache aller Störungen, das erste Glied der Kette gefunden und gelöst werden könnte. Wenn das möglich ist, ändert sich nämlich das ganze Leben. Dieses Wunder geschieht jedoch nicht immer. Manchmal ist es aus den verschiedensten Gründen nur möglich, das momentane Problem zu erreichen. Dann verschwindet (nur) dieses eine Problem. Aber auch das kann für den Betreffenden die reinste Erlösung sein.

Meiner Erfahrung nach sollte man seine Ziele nicht zu hoch stecken, sondern zufrieden sein mit dem, was gerade möglich ist. Morgen ist auch ein Tag, und wir haben genug Zeit, um eine belastende Schicht nach der anderen abzulösen.

Nicht selten zeigt sich während einer Sitzung, dass in einem einzigen Ereignis mehrere, verschiedene Emotionen abgespeichert sind. In diesem Fall von überlagerten Emotionen arbeitet man immer nur mit einer einzigen. Es ist wie beim Arbeiten an einem PC: Ein Ordner wird geöffnet, bearbeitet und dann wieder geschlossen. Daher ist es möglich, dass für ein einziges belastendes Geschehen mehrmals die Zeitlinie bearbeitet werden muss, je nachdem, wie viele negative Gefühle in diesem Ereignis abgekapselt sind.

Ein wichtiger Punkt (gilt nur für Therapeuten bei der Trauma-Arbeit) ist auch, den Probanden darauf hinzuweisen, nicht selbst zu Hause weiter auf seiner Zeitlinie herumzuprobieren. Das ist ein verführerischer Aspekt für viele Menschen. Sie befinden sich während der Arbeit im entspannten Alphawellen-Zustand (8–13 Hertz), sie erleben dabei angenehme Gefühle der Leichtigkeit und haben den Eindruck, dass alles ganz mühelos und wie von selbst vor sich geht. Natürlich liegt der Gedanke nahe: »Das ist so einfach, das kann ich auch selbst.« Dabei unterschätzen sie die einfühlsame, leitende und wissende Position des Therapeuten. Nicht ohne Grund gebe ich folgende Anweisung an meine Patienten weiter: »Bitte lassen Sie diese Arbeit ruhen! Basteln Sie nicht selbst an Ihrer Time-Line herum, denn das könnte unangenehme Folgen für Sie haben.«

In Unkenntnis der korrekten Methode und ohne die eigene Distanz zum emotionalen Geschehen kann der Betreffende von den Gefühlen überwältigt werden, die er gerade zu besiegen versucht, und im verwirrenden Geschehen gefangen bleiben. Und wie immer ist es leichter, ein Problem zu behandeln, als eine vermurkste Therapie wieder in die rechte Bahn zu lenken.

Eine meiner Patientinnen hielt es für angebracht, nachdem wir gemeinsam Traumen aus ihrer Vergangenheit gelöscht hatten, selbst in der Zukunft zu arbeiten, um einen ganz bestimmten Lebenspartner zu bekommen. Sie war in ihren Hausarzt verliebt und beschwerte sich anschließend bei mir, dass die Time-Line, mit der sie selbst gearbeitet hatte, schlimme Folgen gehabt hätte; ihr Hausarzt hätte sie nämlich der Praxis verwiesen. Meine Meinung dazu ist, dass der Arzt unbewusst ihr manipulatives Verhalten gespürt und sich deshalb von ihr distanziert hatte.

Aber auch sonst ist es wichtig, die Arbeit auf der Zeitlinie eine Zeit lang in Ruhe zu lassen, damit sie wirken kann. Manche Interventionen brauchen Zeit, je nach Persönlichkeits-Typ einige Stunden bis Tage. Mein Rat ist hier immer: »Vergessen Sie am besten, was wir hier gemacht haben, denken Sie nicht mehr darüber nach, versuchen Sie vor allem nicht, zu Hause den Vorgang zu wiederholen – und lassen Sie sich von der positiven Wirkung überraschen.«

Ein elfjähriger Junge kam in meine Praxis, weil er Bettnässer war. Seine Mutter war Psychotherapeutin. Nach einer halben Stunde gemeinsamer Arbeit konnte ich den Buben entlassen. Und tatsächlich, er nässte das Bett nicht mehr ein – zwei Wochen lang. Dann rief mich die Mutter an: »Es hat überhaupt nichts genützt. Er macht jetzt wieder ins Bett. Das wäre ja auch noch schöner. Sie haben ja nur eine halbe Stunde mit ihm gearbeitet und wollen etwas heilen, wozu wir Analytiker fünf Jahre brauchen.« Man kann sich leicht vorstellen, dass diese Frau ihr Kind so lange »bearbeitet« hat, bis es wieder ins Bett machte, um ihr schließlich Recht zu geben.

Diese Geschichte ist ein schönes Beispiel dafür, wie wichtig es ist, die Arbeit auf der Time-Line in Ruhe wirken zu lassen. Man zupft und zerrt ja auch nicht an einem Apfelbaum herum, damit die Äpfel schneller wachsen.

# 26. Zaubersätze

Der »Zeitlinien-Meister« ist in mancher Hinsicht ein Schamane oder Zauberkünstler, der ruhig auch einmal faire Tricks anwenden darf, damit dem anderen geholfen wird.

Wenn der Prozess stockt und es keinen Ausweg mehr zu geben scheint, dann ist die paradoxe Intervention gefragt.* Führen Sie diese Methode aber bitte mit Liebe zum Patienten, mit deutlich spürbarem Humor und einem freundlichen Augenzwinkern durch. Es geht nicht an, dass paradoxe Interventionen ein Freibrief sind, um einen anderen Menschen fertig zu machen und ihm eins auszuwischen, indem man ihm Beleidigendes an den Kopf wirft, wie es leider immer wieder geschieht. Im besten Fall begreift der Betreffende das Paradoxe und muss lachen. Es ist aber auch möglich, dass er voller Empörung protestiert. In beiden Fällen ist etwas gewonnen: Die blockierende Schranke ist durchbrochen worden, und es geht wieder weiter.

Dazu möchte ich einige Beispiele bringen.

Eine 50-jährige Krankenschwester suchte mich auf, weil sie kein Selbstwertgefühl hätte. Ich arbeitete mit ihr auf ihrer Zeitlinie hin und her, doch letztendlich

---

* Vgl. Schmidbauer, Wolfgang: »Die subjektive Krankheit. Eine Kritik der Psychosomatik«, Reinbek o.J.; vgl. Farrelly, Frank: »Provocative Therapy«, New York 1990

kam immer nur das eine heraus: »Ich habe einfach das Gefühl, dass ich nichts wert bin und nichts kann.« »Ah«, sagte ich dann, »Sie sind eine kluge und erfahrene Frau und Sie kennen sich selbst am besten. Ich glaube, ich sollte Ihnen vertrauen; wenn Sie mir jetzt hier die ganze Stunde hindurch versichern, dass Sie nichts wert sind, dann glaube ich Ihnen, dass das auch so ist.«

Die Patientin richtete sich blitzartig und mit empörter Miene auf und sagte: »Wie kommen Sie darauf, dass ich nichts wert bin!« Wir mussten beide lachen und konnten anschließend erfolgreich weiterarbeiten. Die behandelnde Ärztin teilte mir später mit, dass diese Sitzung ein wahrer Durchbruch für diese Frau gewesen sei.

Bei einem anderen Patienten, der sich als Versager bezeichnete, wirkte folgende Intervention befreiend. Er wurde puterrot und brach dann in schallendes Gelächter aus. Ich sagte zu ihm: »Sie haben Recht, Gott, der die ganze Welt und das All so vollkommen geschaffen hat, hat tatsächlich einen Fehler gemacht, als er in Stuttgart diesen totalen Versager mit Namen Wolfgang N. schuf!«

Paradoxe Interventionen haben nicht den Sinn, einen Menschen zu verletzen, sie sollen seinen Widerspruchsgeist wecken. Der Mann aus dem obigen Beispiel erkannte blitzartig, was für ein Unsinn es war, sich für den einzigen vollkommenen Versager der Weltgeschichte zu halten.

Wenn jemand Schwierigkeiten hat, auf der Time-Line zu arbeiten, weil er nichts »sieht«, ist es eine gute Idee zu sagen: »Du musst auch gar nichts sehen, *denke* dir das einfach nur.« Oder: »Wenn du es wüsstest, was würdest du dann sehen ...?«

Denken Sie auch an die schon geschilderten Interventionen bei Stockungen während der Sitzung. »Du bist doch deshalb zu mir gekommen, um dieses Problem zu lösen. Sollte das alles umsonst gewesen sein …?« Oder: »Deine Seele hat die Absicht, dich von diesem negativen Gefühl zu befreien. Willst du trotzdem daran festhalten? …«

Mit solchen Zaubersätzen im Hintergrund können Sie unbewusste Hürden, die man sich manchmal selbst bereitet, elegant umgehen und die Arbeit erfolgreich zum Abschluss bringen.

# 27. Ausblick

Die Arbeit auf dem persönlichen Lebensweg ist eine sehr segensreiche. Ich habe sie in den Jahren, die ich mich mit ihr beschäftige, schätzen und lieben gelernt. Da ich um ihre Wurzeln im Schamanismus weiß, betrachte ich sie mit Ehrfurcht und sehe sie als ein Geschenk des Kosmos an uns an.

Sie dient nicht nur dazu, unsere persönlichen Probleme und Schmerzen zu lindern, sie kann uns auch von körperlichen Erkrankungen befreien. Es gibt keine Krankheit, die nur rein körperlich erlebt wird, immer sind auch Gefühle daran beteiligt – und diese können wir mit der Time-Line-Methode lösen. Seltsamerweise verschwinden damit oft genug auch schon jahrelang bestehende körperlichen Symptome (siehe 28. Kapitel »Fallbeispiele«).

Ich möchte hier nicht auf die Vielzahl persönlicher Probleme eingehen, die in der täglichen Praxis auftauchen, sondern mich mit einigen besonderen Themen befassen. Die zahlreichen Opfer von sexuellem Missbrauch, Vergewaltigung und Kindesmisshandlungen bzw. -missbrauch schleppen ihr ganzes Leben lang diese furchtbare Belastung mit sich herum, die alle Beziehungen überschatten kann. Wie hilfreich wäre es in diesen Fällen, wenn die Beratungsstellen für Frauen und Familien eine Arbeit auf der Zeitlinie anbieten könnten, um die Folgen dieser Untaten aufzulösen und die Opfer zu befreien! Die

Wirkung auf die psychische Gesundheit der Bevölkerung wäre beträchtlich.

Ein zweiter, leider aktueller Bereich wären die Opfer von psychischer und physischer Gewalt in Kriegsgebieten. Die Medien berichten von den Gräueltaten während des Kosovo-Krieges. Und nicht nur im Kosovo oder in Tschetschenien, sondern auf der ganzen Welt geschehen grauenhafte Dinge, die Menschen und ganze Völker nicht nur für die Dauer ihres Lebens, sondern noch weit in nachfolgende Generationen hinein in schrecklicher Art und Weise schädigen. Sollte den Verbrechern gestattet sein, nicht nur die Körper, sondern auch die Seelen dieser Menschen auf immer zu schädigen? Auch hier wäre es segensreich, wenn diesen Menschen mit der Verbesserung auf ihrer Lebenslinie geholfen werden könnte.

Da wir um die Schäden wissen, die Kinder während der Schwangerschaft schon intrauterin aufnehmen können, sollten auch ganz besonders die Kinder in diesen Kriegsgebieten mit einer heilenden Zeitlinie behandelt werden. Hass gebiert wiederum Hass, und wenn diese Kette nicht unterbrochen wird, gibt es weiterhin unaufhörlich Krieg und Gräuel, wie man in Jugoslawien, in Afrika und im Nahen Osten sieht.

Ich möchte meinen Ausblick auch auf die Vorbereitung von Operationen ausdehnen. Wie viele Menschen werden täglich operiert und haben Angst vor diesen Eingriffen! Zu den verabreichten Beruhigungsmitteln, die ganz selbstverständlich zu einer Operationsvorbereitung gehören, könnten sich Ärzte oder die Krankenschwestern noch zehn Minuten für die Arbeit auf der

Zeitlinie in die Zukunft nehmen, sofern sie darin ausgebildet sind. So wäre dem Patienten körperlich und seelisch geholfen, diese schwere Zeit zu überstehen und bessere Heilungschancen zu bekommen. Medizinische Untersuchungen haben nämlich ergeben, dass der seelische Zustand *vor* der Narkose einen deutlichen Einfluss auf das Gelingen der Operation und der Genesung hat. Das heißt, je besser der psychische Zustand des Patienten *vor* der Operation ist, desto besser geht es ihm nach der Operation und desto schneller schreitet seine Heilung voran. Eine befreundete Narkoseärztin sagte mir, dass es unter Anästhesisten den Spruch gäbe: »So wie der Patient in die Narkose hinein geht, so kommt er auch wieder heraus.«

Allein festzustellen, welche Wirkung die Arbeit auf der Zeitlinie auf die Herabsetzung von Medikamenten und Schmerzmitteln hätte, wäre eine eigene Untersuchung wert.

Harmlosere und dennoch lästige Zukunftsängste, wie die weit verbreitete Angst vor dem Zahnarzt, könnten ohne Tranquilizer und deren Nebenwirkungen gelindert werden. In jeder zahnärztlichen Praxis sollte eine Sprechstundenhilfe mit der Arbeit auf der Zeitlinie vertraut sein und Erwachsene und Kinder vor der Behandlung beruhigen.

Auch in der Hospizbewegung wäre es ein Segen, wenn die Arbeit auf der Zeitlinie mit einbezogen würde. Zum einen könnte dem Betroffenen geholfen werden, seine Vergangenheit zu bewältigen, alte, quälende Schuld- und Versagensgefühle aufzulösen, die ihn daran hindern, sich in Ruhe auf das Sterben einzulassen. Er könnte dann in innerem Frieden diese letzte Zeit für sich nutzen.

Zum anderen könnte auf einer Time-Line in die Zukunft die Angst vor Schmerzen und Tod gelindert werden. Nicht nur dem Sterbenden wäre auf diese Art und Weise geholfen, auch die Angehörigen könnten sich so auf ein Leben »danach«, ohne die körperliche Anwesenheit des geliebten Menschen, vorbereiten. Hier sehe ich eine große Aufgabe und Chance für alle, die in der Hospizbewegung arbeiten! Die Techniken der Arbeit auf der persönlichen Zeitlinie sollten zur Pflicht für alle freiwilligen Helfer und Arbeiter in der Hospizbewegung werden.

Eine meiner Patientinnen aus Italien litt an einer schweren unheilbaren Erkrankung. Sie rief mich an, weil sie eine aktive Sterbehilfe annehmen wollte, in letzter Minute bekam sie jedoch Zweifel darüber. Es war möglich, ihr über das Telefon mit einer kurzen Arbeit auf der Zeitlinie zu helfen (siehe Fallgeschichten).

Und nicht nur in der Hospizbewegung, auch in Krankenhäusern und Arztpraxen würde ich mir diese Arbeit häufiger wünschen. Man braucht nicht viel Zeit, um ein aktuelles Problem, wie die Angst vor einem chirurgischen Eingriff, so abzumildern, dass der Patient angstfrei und entspannt ist. Das macht dem Arzt seine Aufgabe leichter und vergrößert die Chancen einer schnellen und problemlosen Heilung beträchtlich. Ich denke, dass diese Aufgaben vor allem dem medizinischen Personal anvertraut werden könnten, das so im Vorfeld entspannend und beruhigend auf die Patienten einwirken könnte.

Schließlich möchte ich noch auf die wichtige Aufgabe, die diese Methode in den Schulen haben könnte, hinweisen. Wie viele Ängste und Komplexe entstehen gerade in unseren Schulen – Angst vor dem Lehrer, Angst vor Prüfungen, vor Hänseleien usw. Die Arbeit auf der Zeitlinie, die übrigens auch ganz einfach als Gruppenerfahrung zu gestalten ist, dürfte Schülern und Lehrern ihre Aufgaben erleichtern.

# 28. Fallbeispiele

An dieser Stelle möchte ich einige bunt gemischte Beispiele aus meiner Erfahrung anführen, die zeigen, wie vielfältig die Zeitlinie verwendet werden kann. Vielleicht bekommen Sie so einige Anregungen für die eigene Arbeit.

1. Mit einer Frau, 45 Jahre alt, bearbeitete ich das Thema Angst auf der Zeitlinie. Sie war kein besonders ängstlicher Mensch und fühlte sich nach der Behandlung wohl, aber alles war im normalen Bereich, ohne irgendwelche Hochgefühle. Ein halbes Jahr später meldete sie sich wieder, um zu berichten, dass auch ihre Angst vor dem Zahnarzt, an die sie überhaupt nicht mehr gedacht hätte, verschwunden sei. Einige Monate nach der Arbeit auf der Zeitlinie musste sie wegen eines größeren Eingriffs zum Zahnarzt. Sie fühlte sich dabei beschwingt, und die Behandlung verlief leicht und unproblematisch. Erst als sie seine Praxis verlassen hatte, fiel ihr ein, dass sie ihr ganzes Leben lang Panik vor dem Zahnarzt gehabt hatte. Auf der Time-Line hatten wir das Thema Zahnarzt nicht gesondert bearbeitet, sondern waren zu einem Angstgefühl im ersten Lebensjahr gegangen.

   Dieses Beispiel zeigt sehr schön, dass mit dieser Methode auch Probleme verschwinden können, die gar nicht speziell genannt und angegangen werden.

2. Eine 50-jährige Patientin kam wegen eines Basalioms (Hautkrebs) am Nasenflügel. Sie hatte es vor drei Jahren bemerkt, und der Hautarzt hatte es als solches diagnostiziert. Ich war skeptisch, aber sie drängte mich so, dass ich mit ihr auf der Zeitlinie arbeitete. Drei Monate später hörte ich wieder von ihr. Am nächsten Morgen nach unserer gemeinsamen Sitzung war das Basaliom verschwunden, ohne eine Wunde oder Narbe zu hinterlassen! Sie habe unaufhörlich an ihre Nase gegriffen und sich im Spiegel kontrolliert – es war und blieb verschwunden! Nach drei Monaten sei sie zum Hautarzt gegangen, der ihr soeben bestätigt habe, dass keinerlei Basaliom mehr zu sehen war! Am meisten verwunderte ihn, dass er an der früheren der Stelle des Basalioms weder eine Narbe noch ein kleines Loch in der Haut finden konnte.
3. Ein anderer Patient im Alter von 87 Jahren litt ebenfalls unter Hautkrebs, und zwar an der Stirn. Die Arbeit auf der Zeitlinie verkleinerte den Krebs innerhalb von drei Monaten auf weniger als die Hälfte. Der Prozess dauert noch an.
4. Ein 16-jähriger junger Mann kam wegen persönlicher Probleme. Ich hatte seine Mutter gebeten, 45 Minuten zu warten, dann sei ich mit der Sitzung fertig. Immer wenn ich den Jungen bat, dies oder das auf der Zeitlinie zu tun, sagte er: »Bin schon da … bin schon fertig … ist schon geschehen.« Als wir die Time-Line-Arbeit beendet hatten, waren genau sechs Minuten vergangen. Seine Mutter war sehr erstaunt, als er nach so kurzer Zeit wieder aus der Tür heraustrat – und ich war misstrauisch! So schnell konnte das doch alles nicht geschehen, si-

cher hatte mich der junge Mann an der Nase herumgeführt. Aber nein, sein Problem war und blieb verschwunden, wie er mir ein Jahr später dankbar versicherte.

5. Ein 35-jähriger Mann hatte Zeit seines Lebens Angst vor Hunden. Wir fanden heraus, dass das auslösende Ereignis, was immer es auch gewesen sein mochte, im 7. Schwangerschaftsmonat lag. Unmittelbar nach der Sitzung fuhr er mit seiner Frau in Urlaub. Sie erzählte mir anschließend, ihr Mann sei keinem Hund mehr ausgewichen, sondern habe welche gestreichelt und sogar einen auf den Schoß genommen. Ihre Schwiegermutter habe ihr erst jetzt berichtet, dass sie im 7. Schwangerschaftsmonat von einem Schäferhund angefallen worden war, der sie umgeworfen und sogar ihren Mantel zerrissen hatte!

   Das ist ein schönes Beispiel dafür, dass die Ursache für eine Angst auch außerhalb der Zeit liegen kann, die wir bewusst kennen – in diesem Fall lag sie in der Zeit der Schwangerschaft.

6. Eine Lehrerin, 38 Jahre alt, litt seit 19 Jahren an einer hypermobilen Wirbelsäule, die so stark schmerzte, dass sie zwei- bis dreimal pro Woche zum Chiropraktiker gehen musste. Nach einer einzigen Sitzung, die fast zwei Stunden dauerte und sehr anstrengend war, verschwanden die Schmerzen und sind nicht wieder aufgetreten.

7. Eine über 50-jährige Dame, gerade Großmutter geworden, bekam vom Schneeschaufeln eine sehr schmerzhafte Ischiasentzündung. Sie lag einen ganzen Tag im Bett und hörte sich aus lauter Langeweile den Ablauf einer von ihr selbst auf Tonband

gesprochenen Sitzung auf dem persönlichen Lebensweg an. Den ganzen Tag lang bearbeitete sie Ängste und andere ungeklärte Emotionen und revidierte einschränkende Entscheidungen. Am nächsten Morgen war sie wieder gesund – und hatte den dringenden Wunsch, jetzt endlich ihre schon länger geplante Doktorarbeit zu schreiben. Gesagt, getan, noch im selben Jahr konnte sie ihre Dissertation abschliessen!

8. Eine Mutter von zwei Teenagern, 38 Jahre alt, war nach einem Sturz von der Treppe richtig krank geworden. Sie konnte nicht mehr schlafen, teils vor Schmerzen in der linken Hüfte, teils aus einer inneren Unruhe heraus. Die Verdauung funktionierte nicht mehr, und sie litt an Verstopfung und Appetitlosigkeit. Nach einer einzigen Arbeit auf der Zeitlinie, bei der alle blockierten Emotionen, die zu diesem Zustand geführt hatten befreit wurden, waren all diese Beschwerden verschwunden.
9. Die Ehefrau eines 65-jährigen Patienten litt an schwerstem Asthma und lag seit Monaten im Krankenhaus. Man hatte den Ehemann darauf vorbereitet, dass es jederzeit so weit sein könnte, dass seine Frau einen Anfall nicht mehr überlebte. Ich führte mit ihm zwei Sitzungen durch, eine davon befasste sich mit seiner Angst vor dem bevorstehenden Tod seiner Frau und der Zeit danach (siehe Kap. 22, »Time-Line und die Zukunft«). Eine andere mit anderen negativen Emotionen bezüglich Krankheit und Tod. Nach diesen beiden Sitzungen war er viel ruhiger und konnte die Zukunft gefasst und ohne Panik auf sich zukommen lassen.

10. Zeit ihres Lebens hatte eine 58-jährige Frau Angst vor dem Fliegen gehabt. Nach einer Sitzung von zehn Minuten konnte sie sich auf einen Urlaubsflug mit ihrer Familie freuen. Anschließend berichtete sie mir, wie herrlich entspannend der schöne Flug nach Afrika gewesen sei – und buchte eine nächste Flugreise.
11. Ein elfjähriges Mädchen bekam eine akute Angstsymptomatik, weil Mitschüler sie auf dem Nachhauseweg behinderten und erschreckten. Nach der Arbeit auf der Zeitlinie erzählte sie ihrer Mutter lachend von den »dummen Buben«, die ihr gar nichts tun könnten.
12. Die Fälle, in denen die Angst vor Prüfungen mit der Arbeit auf der Zeitlinie aufgelöst wurde, sind Legion. Ich führe hier nur zwei kleine Beispiele an: Ein achtjähriges Mädchen hatte regelrecht Panik vor den Proben in der Schule. Nach einer Sitzung war sie davon befreit und konnte sich sogar darauf freuen, das zu zeigen, was sie gelernt hatte.
13. Eine 26-jährige Medizinstudentin musste eine sehr wichtige Prüfung bestehen – sie war beim ersten Mal durchgefallen. Nach der Sitzung konnte sie ganz gelassen in die Prüfung gehen – und fiel durch, was sie gar nicht verstehen konnte, weil doch alles so gut gegangen war. Eine Woche später bekam sie ein Schreiben, man hätte einen Zählfehler gemacht und sie hätte die Prüfung in der Tat bestanden.
14. Ein Zahnarzt, 38 Jahre alt, bekam häufig so starke Kopfschmerzen, dass er seine Praxis schließen musste. Auslöser war der Ärger über eine unfähige Sprechstundenhilfe – leider konnte er sie nicht ent-

lassen, denn er war mit ihr verheiratet! Nach einer eineinhalbstündigen Arbeit auf der Zeitlinie konnte er nur noch entspannt darüber lachen. Natürlich muss in einem solchen Fall auch im Äußeren etwas getan werden, damit die Zukunft stressfreier wird, zum Beispiel sollte eine zweite Kraft angestellt werden.

15. Eine Frau von 49 Jahren hatte sich ihr ganzes Leben lang mit der Erinnerung an einen frühkindlichen Missbrauch herumgequält, unzählige und jahrelange Therapien gemacht. Trotzdem konnte sie es nicht verwinden, dass dies einmal geschehen war. Nach einer einstündigen Sitzung fühlte sie sich befreit und wie neugeboren. Man könne sich kaum vorstellen, welche Entspannung und Erleichterung diese Intervention in ihr Leben und in ihre Beziehungen gebracht hätte, so versicherte sie mir ein Jahr nach dieser Sitzung.

16. Eine Patientin aus Italien litt an einer sehr schweren, unheilbaren Erkrankung. Mit ihrer Familie und ihren Freunden hatte sie sich beraten und war zu der Überzeugung gekommen, dass es am besten wäre, eine aktive Sterbehilfe anzunehmen. Sie rief mich an, um sich von mir zu verabschieden. Ich hörte aus ihrer Stimme ein gewisse Unsicherheit heraus und fragte sie, ob sie sich wirklich vollkommen sicher sei. Sie zögerte und sagte, gerade in den letzten Tagen habe sie einige Zweifel bekommen. Sie wolle schon sterben, aber … Ich führte sie über ihre Zeitlinie und ließ sie Kontakt mit ihrer Seele aufnehmen. Als sie ihre Seele fragte, ob sie bereit sei zu sterben, war sie ganz verwundert, weil sie die Antwort *Nein* bekam. Ich riet ihr mit

der Einnahme des tödlichen Medikaments so lange zu warten, bis ihre Seele voll und ganz *Ja* dazu sagen könnte. Fast ein ganzes Jahr später rief sie mich an, um sich nun endgültig von mir zu verabschieden. Die Arbeit auf der Zeitlinie hatte ihr noch viele schöne Monate geschenkt.

# 29. Vergleich Schamanismus – Time-Line – NLP

Das Erste, was beim Vergleich zwischen diesen beiden Methoden gesagt werden muss, ist, dass sich die Time-Line von den Anforderungen her, die an den Therapeuten gestellt werden, viel einfacher, problemloser und ohne größere Vorbereitungen durchführen lässt. Das NLP verwendet eine Sprache, die dem modernen Menschen zugänglich und verständlich ist, wenn er sich darauf einlassen kann. Die Arbeit auf der Zeitlinie ist schneller erlernbar, als es die schamanischen Techniken sind. Sie ist auch immer und in beinahe allen Lebenssituationen anwendbar.

Die Voraussetzungen, die an den Klienten und an die Situation gestellt werden, sind folgender Art: Er muss sich konzentrieren können, er darf nicht an Demenz oder Ideenflucht, Logorrhöe oder Wahnvorstellungen leiden. Auch gewisse Persönlichkeitsstörungen sind bei dieser Methode kontraindiziert. Mitten im traumatischen Geschehen, bei starker emotionaler Betroffenheit und Unruhe ist sie nicht oder nur modifiziert anwendbar (siehe Kap. 23, »In Frieden mit der Vergangenheit«).

Um eine erfolgreiche Behandlung auf der Zeitlinie durchführen zu können, sind jedoch auch gewisse Fähigkeiten und Eigenschaften des Klienten notwendig. Die Fähigkeit des inneren Sehens, der Visualisierung, ist nicht unbedingt erforderlich, wenngleich sie die Arbeit auf der Zeitlinie wesentlich leichter macht.

Was aber, wenn der Klient – trotz sorgfältiger Führung – nicht in der Lage ist, etwas zu fühlen? Er befindet sich über oder sogar im Trauma – und fühlt sich ganz wohl dabei! Hier sind entweder Verdrängungsprozesse höchsten Ranges vorhanden oder der Klient und sein Behandler sprechen und verstehen eine unterschiedliche Sprache, oder der Klient ist kein Kinästhet – das heißt, er ist nicht in der Lage, etwas zu fühlen! Der Begriff *kinästhetisch* bezieht sich im NLP nicht nur auf Emotionen der Seele, wie Trauer, Wut usw., sondern auch auf Körperempfindungen, die den Tastsinn und vor allem Gefühle im »Bauch« betreffen. Bei der Arbeit auf der Zeitlinie erleben die meisten Menschen nämlich unangenehme Empfindungen und sie schildern ihre Wahrnehmung direkt über dem Trauma wie folgt: »Jetzt schnürt es mir die Kehle zu; … ich bekomme ein ganz komisches Gefühl im Bauch; … meine Brust fühlt sich ganz eng an, ich kann kaum mehr atmen; … im Kopf ist jetzt so ein nerviges Ziehen.«

Die meisten Schilderungen dieser unangenehmen Körperempfindungen beschränken sich auf den Oberkörper und den Bauch. Ich habe selten erlebt, dass ein Klient seine Angst zum Beispiel im Knie gespürt hätte. Über dieses Thema hatte ich eine interessante Diskussion mit dem Schweizer Arzt Dr. Michael Furter, der mit seiner speziellen manuellen Therapie ganz ähnliche Erfahrungen gemacht hat.* Dr. Furter vermittelt in seinen Kursen eine ganz besondere, von ihm entwickelte Massagetechnik, mit

---

* Vgl. Furter, Dr. Michael: »Seelische Struktur und physischer Körper«, Eigenverlag, o.J., S. 11–30

der er unter anderem im Körper gespeicherte Emotionen und Schmerzen auflösen kann. Diese Behandlung zeigt ganz erstaunliche Erfolge zum Beispiel in der Schmerztherapie. Im Gegensatz zu Furter, der bei starken Emotionen noch nie Hinweise auf Körperempfindungen in den Extremitäten bemerkt hat, konnte ich beobachten, dass sie dort sehr wohl empfunden werden können. Das ist hauptsächlich bei Menschen der Fall, die Meister im Verdrängen sind! Sie spüren tatsächlich Gefühle wie Angst oder Wut in den oberen und vor allem aber in den unteren Extremitäten, wie zum Beispiel in den Knien, Oberschenkeln oder an den Füßen.

Das völlige Fehlen von kinästhetischen Empfindungen vonseiten des Klienten, macht es jedenfalls unmöglich, eine Time-Line-Arbeit durchzuführen, weil damit jegliche Kontrolle der Situation und des Löschungsvorgangs entfällt. In diesen Fällen sind schamanische Behandlungstechniken, bei denen der Klient vollkommen passiv bleiben kann, sehr hilfreich. Denn bei der schamanischen Arbeit hängt der Erfolg – soweit es sich um die übliche, »normale« Patientenklientel handelt – vorrangig von der Qualität und dem Können des Schamanen ab.

Schamanismus kann, im Gegensatz zur NLP-Arbeit, nur von Personen ausgeführt werden, die lange Erfahrung und Vorbereitungen hinter sich haben. Sie müssen sich in den schamanischen Welten auskennen – und sie müssen fähig sein, dort auch zu handeln. Diese schamanischen Handlungen wirken sich hier in der »Mittleren Welt«, in der wir leben, aus und entfalten ihre heilsame Wirkung. Das alles ist nicht einfach und nur wenigen Personen gegeben.* Mit der Wirksamkeit und der Fähigkeit zum Handeln steht und fällt jede schamanische Arbeit. Nicht alle Patienten sind jedoch bereit, sich einer schamanischen Behandlung zu unterziehen. Zu verbreitet sind die Vorurteile und Unkenntnis über diese uralte Heilkunst. Der Begriff »Schamanismus« wird oft mit unheimlichen, unzeitgemäßen und zweifelhaften Praktiken verbunden. Teilweise zu Recht wird auf diesem Gebiet vor Scharlatanerie gewarnt.

Aber gerade Personen, die für die Arbeit mit der Time-Line aus den oben genannten Gründen nicht geeignet sind, sprechen auf schamanische Methoden gut an. Wenn Patienten sich selbst die Frage stellen, welche Methode für sie am geeignetsten ist, entscheide ich, wie folgt: Gibt der Patient einen ganz bestimmten Zeitpunkt seiner Beschwerden an, will er von einer bestimmten Emotion frei werden, oder quält ihn ein belastendes Ereignis, dann schlage ich ihm eine Arbeit auf der Zeitlinie vor. Bei allen anderen Problemen verwende ich schamanische Techniken. Falls nach einer schamanischen Behandlung noch ein Rest an Störung bleiben sollte, kann man nach einigen Wochen zusätzlich eine Time-Line-Sitzung durchführen. Genauso verhält es sich mit der Arbeit auf der Zeitlinie: Wenn die Patienten nach einigen Wochen nicht ganz zufrieden sind, ist es immer noch möglich, zu einem späteren Zeitpunkt eine schamanische Intervention vorzunehmen.

Da bei den meisten Menschen verständlicherweise Unklarheiten über eine schamanische Behand-

---

* Vgl. Walsh, Roger: »Der Geist des Schamanismus«, Olten 1992

lung bestehen, möchte ich kurz schildern, wie diese Methode in meiner Praxis durchgeführt wird. Die große schamanische Behandlung setzt sich aus zwei Teilen zusammen. Im ersten Teil sieht der Schamane in das Zellgedächtnis des Patienten und löst alle Blockaden, die ihn seit seiner Geburt behindern – selbst genealogische Blockaden können so gelöst werden. Behandler und Patient sitzen sich gegenüber, der Patient wird nicht berührt, alles spielt sich in einer freundlichen, konzentrierten Gesprächsatmosphäre ab. Diese »Blockaden« sind für den Schamanen als Narben im Zellgedächtnis zu sehen, und können genau beschrieben und definiert werden, so dass der Behandelte weiß, worum es sich handelt. Behandler und Patient sprechen ausführlich über das Gesehene, bevor es gelöscht wird. Im Schamanismus bleibt der zu Behandelnde völlig passiv, er kann jedoch körperlich genau spüren und mit verfolgen, wenn diese Narben im Zellgedächtnis gelöst werden. Die Löschung dieser Introjekte löst nämlich bei ihm physische Sensationen aus, wie Wärme, Kribbeln, Atemreflexe und Ähnliches, aufgrund derer er den gesamten Vorgang beobachten und kontrollieren kann.

Es können folgende Ereignisse behandelt werden: traumatische Vorfälle, Krisenzeiten, Trennungserlebnisse, Scheidung, Krankheit, Tod, Missbrauch und Belastungen genealogischer und familiärer Art. Auch um das Wohlbefinden zu steigern und um sich persönlich und spirituell zu entwickeln, ist die schamanische Befreiung von Introjekten förderlich.

Der zweite Teil der schamanischen Behandlung besteht darin, dass dem Patienten die Energie, die er in bestimmten Lebenskrisen oder Lebensabschnitten verloren hat, wieder zurückgegeben wird. Im Schamanismus spricht man in diesem Fall von »Seelenverlust«. Der Schamane entgrenzt bei dieser Arbeit sein Bewusstsein (ohne Drogeneinnahme!) so weit, dass er in die Zeit- und Raumzone eindringen kann, in der der Klient seine Seele »verloren« hat. Er haucht diesem dann seine verlorene Seelenenergie wieder ein. – Wie märchenhaft diese Schilderung auch klingen mag, diese Art der Behandlung ist äußerst wirksam.

Neben persönlichen Krisen sind häufig Kurzzeitnarkosen nach Einnahme des Mittels *Ketanest* verantwortlich für Seelenverluste. Dieses Narkotikum wirkt – wenn es ohne gleichzeitige Gabe von Schmerzmitteln verabreicht wird – nur lähmend, *ohne* den Schmerz selbst zu betäuben. Gleichzeitig bewirkt es eine retrograde Amnesie, so dass der Patient vergisst, was er erlitten hat! Die Patienten fühlen sich hinterher »grundlos« elend und leiden nicht selten unter unerklärlichen Depressionen und psycho-physischen Missempfindungen.

Während beider schamanischen Behandlungen kann man die von Hamer (siehe Kap. 2 »Die Theorie Dr. Hamers zur Krebsgenese«) geschilderte Umschaltung vom sympathischen auf das parasympathische Nervensystem beobachten. Der Klient verspürt meist eine sofortige Erleichterung. Er fühlt sich warm und entspannt. Sehr selten kann es zu einer leichten Desorientierung kommen, die von den Patienten als Unsicherheitsgefühl im Kopf oder Körper angegeben wird. Aus diesem Grund lasse ich den Betreffenden nach einer solchen Behandlung noch eine halbe

Stunde entspannt liegen. Nach dieser Zeit sind diese Beschwerden verschwunden.

Der Klient darf 24 Stunden vor und nach einer schamanischen Behandlung möglichst keinen Alkohol trinken und sich nicht harten Rhythmen (Disko, Rap usw.) aussetzen. (Besser ist, während dieser Zeit auf jeglichen Alkohol zu verzichten.) Diese Vorsichtsmaßnahmen sind deshalb zu empfehlen, weil die schamanische Arbeit dadurch abgeschwächt oder durcheinander gebracht werden könnte.

Die neu geschaffenen energetischen Verhältnisse sind nämlich ein bis zwei Tage lang noch labil – ähnlich wie nach einer Operation – und können durch solche starken Schüttelbewegungen oder einen Schwips eingeschränkt oder zunichte gemacht werden.

Abschließend gesagt ist es sicherlich besser (aber eher unwahrscheinlich), wenn der Therapeut beide Methoden beherrscht. Ökonomischer ist in jedem Falle die Arbeit auf der Zeitlinie, sowohl was die Erlernbarkeit als auch die Durchführung in der Praxis betrifft. Der Therapeut sollte sich bei der Arbeit auf der Zeitlinie zuvor über die Kriterien, Kontraindikationen und die anderen Gründe klar sein, die in bestimmten Fällen diese Arbeit unmöglich machen.

Schließlich möchte ich noch einen der Fälle schildern, die nur durch die Anwendung *beider* Methoden zufriedenstellend behandelt werden konnten.

Ein Metzgermeister, 44 Jahre alt, kam wegen seiner entsetzlichen Wutanfälle zur Behandlung. Als er sich auf der Zeitlinie dem Ursprung seiner Wut näherte, begann er so heftig zu zittern, dass die schwere hölzerne Liege, auf der er lag, ins Wackeln kam. Er schrie laut um Hilfe, voller Angst, seiner Empfindungen nicht mehr Herr werden zu können. Auf die Frage, wer oder was ihm denn jetzt in dieser Situation helfen könne, rief er: »Jesus, nur Jesus kann das.«

An dieser Stelle wurde die Arbeit auf der Zeitlinie verlassen und eine schamanische Seelenbehandlung (Soulretrieval) vorgenommen, wobei der Patient erlebte, dass ein Teil seiner gequälten Seele von Jesus aufbewahrt und ihm wieder zurückgegeben wurde. Er war erschüttert und sehr bewegt. Die Veränderung, die anschließend mit ihm vorging, war so bemerkenswert, dass seine Frau kurz darauf anrief, um die gleiche Behandlung zu bekommen.

Wer eine solche Behandlung erlebt hat, drückt häufig seine Dankbarkeit und Freude darüber aus, dass es diese hilfreichen Methoden gibt.

# 30. Das Auflösen von einschränkenden Entscheidungen

Das Auflösen von einschränkenden Entscheidungen gehört nicht unbedingt in das dargestellte Gebiet: Fluss der Zeit im Vergleich zur Zeitlinie des NLP. Trotzdem möchte ich eine kurze Schilderung dieser hilfreichen Technik geben, da sie sich sehr gut mit der zuvor geschilderten Arbeit verbinden lässt. Besonders der amerikanische Psychologe Robert Dilts hat diese Technik entwickelt und sehr erfolgreich mit ihr gearbeitet.

Was sind nun einschränkende Entscheidungen oder Glaubenssätze? Es sind dies ganz unbewusste Vorgänge, die wir in uns haben, um uns vor etwas zu schützen. Immer wenn ein Mensch sagt: »Ich weiß nicht warum, aber dies oder jenes passiert mir immer wieder«, haben wir es mit einem Glaubenssatz oder einer einschränkenden Entscheidung zu tun. »Ich habe nie Erfolg. – Ich finde nie den richtigen Mann. – Immer treffe ich mit den falschen Leuten zusammen. – Immer werde ich betrogen. – Immer gerate ich an Alkoholiker. – Jedesmal werde ich im Urlaub krank« … usw. Die Liste dieser Klagen, die wohl jeder schon einmal gehört oder auch selbst ausgesprochen hat, geht ins Unendliche.

Natürlich beschließt kein vernünftiger Mensch bewusst, erfolglos zu sein oder immer wieder an gewalttätige Partner zu geraten. Aber aus bestimmten Gründen der persönlichen Geschichte, meist aus Missverständnissen oder Fehlinterpretationen heraus, wurden einschränkende Entscheidungen getroffen, die das ganze Leben hindurch hinderlich sind. Dilts* beschreibt sie als vernebelte Stellen auf der Zeitlinie und bringt ein klassisches Beispiel für einen solchen unbewussten Konflikt. Er schildert einen Mann, der versucht von seiner Krankheit zu genesen, aber sich innerlich sagt: »Ich möchte zwar gesund werden, aber das ist nicht möglich, weil dies ein egoistischer Wunsch ist.« Ein anderes Beispiel für einen einschränkenden Glaubenssatz wäre: »Ich könnte mehr Geld verdienen, aber dann hätte ich keine Zeit mehr für meine Familie, dann würden sich meine Freunde von mir distanzieren usw.«

Die Arbeit auf der Zeitlinie ist nicht nur dazu geeignet, blockierte Emotionen und Traumen aufzulösen, auch selbstinduzierte Einschränkungen sprechen gut auf diese Methode an. Die Technik läuft dabei folgendermaßen ab:

Erstellen Sie sich eine Liste Ihrer einschränkenden Entscheidungen und Glaubenssätze. Wie geschildert, wird mittels der Frage »Vor, während oder nach der Geburt?« der Zeitpunkt festgelegt. Dann beginnt die Arbeit auf der Zeitlinie. Schweben Sie über dem Ereignis, der Stelle, an der Sie diesen negativen Glaubenssatz zum ersten Mal unbewusst gefasst haben. Registrieren Sie die negativen Emotionen, wie Angst, Versagen, Schuld usw., die mit diesem Geschehen verbunden waren. Diese Emotionen, meist handelt es sich dabei um Angst in jeglicher Form, werden

* Dilts, Robert: » Identität und Glaubenssysteme«, Paderborn 1993

gelöscht (Siehe Kap. 12 »Die Technik«). Häufig sind Sie an dieser Stelle schon so zufrieden und entspannt, dass Sie die Sitzung beenden möchten. Ich empfehle Ihnen jedoch, noch einen Schritt weiter zu gehen. Schweben Sie in das Ereignis hinein und erleben Sie sich dort selbst als Person (assoziiert). Treffen Sie dann, eventuell mit Hilfe eines Partners, eine neue, für Sie positive Entscheidung. Dabei können Sie sich auch vorstellen, dass Ihnen andere Menschen zu Hilfe kommen. Die Sitzung ist dann beendet, wenn Sie eine *neue* Entscheidung oder einen *neuen* Glaubenssatz gefunden haben, der mit Ihren Wünschen und Zielen übereinstimmt, natürlich alles in realisierbarer Weise. Aus einer molligen Schwarzhaarigen wird niemals eine hagere Blondine werden!

Meiner Erfahrung nach möchten die meisten Menschen eine oder zwei derartige Blockaden auflösen. Während die Liste der Glaubenssätze geschrieben wird, zeigt sich meist, dass noch einiges hinzukommt. Die Lösung des einen Glaubenssatzes lässt nämlich sogleich mehrere andere aufleuchten, die ebenfalls eine hindernde Wirkung haben. Nicht selten hat man schließlich eine Liste von 17 bis 20 einschränkenden Entscheidungen und Glaubenssätzen, die natürlich nicht alle in einer einzigen Sitzung zu lösen sind! Trotzdem ist die Zeit zur Lösung einschränkender Glaubenssätze auffallend kurz: zehn bis 15 Minuten pro einzelnem Problem werden veranschlagt.

Bei der Arbeit mit Glaubenssätzen und einschränkenden Entscheidungen ist es nicht ohne Bedeutung, zu welchem Zweck und mit welchem Ziel diese Arbeit geschehen soll. Auf welches Ziel hin wollen Sie sich mit diesen Veränderungen bewegen? Wie sieht es mit der Realität dieser Ziele aus? Sind sie tatsächlich durchführbar? An der positiven Beantwortung dieser Fragen entscheidet sich, ob es sich um ein tatsächliches Ziel oder nur um einen schönen Wunsch handelt. Damit steht und fällt dann auch die Verwirklichung im Alltag.

Hier möchte ich noch einmal die Ziele erwähnen, die die Logotherapeutin Elisabeth Lukas in langjähriger Arbeit mit ihren Patienten fand. Sie zu beachten führt dazu, dass unrentable und utopische Ziele oder solche, die auf reinen Konsum ausgerichtet sind, aussortiert werden können.

Es lohnt sich nämlich, die Motivationen, die hinter Zielen stehen können, so zu hinterfragen, um das Gelingen der Interventionen abzusichern.

Sinnvoll ist:
»– was eine überragende Chance hat, Gutes zu bewirken,
– was das Wohl aller Beteiligten mit beachtet,
– was frei von selbstsüchtiger Motivation ist,
– was im Hier und Jetzt äußerst konkret ist,
– was nicht überfordert und nicht unterfordert,
– was mit erfahrenen Menschen konsensfähig ist,
– was einem die Kraft, es zu wollen, zufließen lässt.«*

Das Auflösen von einschränkenden Glaubenssätzen führt zu einer großen inneren Freiheit. Ich habe erlebt, dass Menschen tagelang ein Hochgefühl erlebten, nachdem sie alte Glaubensmuster aufgelöst hatten. Im

---

* Lukas, Dr. Elisabeth: »Lebensstil und Wohlbefinden«, München, 1999, S. 21

Leben ändert sich danach einiges zum Positiven hin. Druck und Stress werden nicht mehr so bedrängend empfunden. Die Menschen erleben sich als viel belastbarer und optimistischer, was sowohl für den persönlichen Bereich als auch für die Gesundheit gilt. Dankbarkeit, dass es solche Methoden zur Hilfe und Selbsthilfe gibt, ist etwas, das viele meiner Patienten ausdrücken, wenn sie eine schamanische Sitzung erlebt oder auf ihrer Zeitlinie gearbeitet haben. Und vor allem bleiben diese Ergebnisse stabil und gehen nicht nach einigen Wochen wieder verloren!

# 31. Anhang

## Zusammenfassung

Von 100 Personen, die zwischen 1996 und 1999 in meiner Praxis mit diesem Verfahren wegen psychischer und physischer Beschwerden behandelt wurden, waren 70 in anderen Praxen oder Kliniken ausführlich vorbehandelt worden, und zwar mit Neuraltherapie, Akupunktur, Ausleitungsverfahren, Psychotherapie usw. 30 Personen kamen ohne gründliche Vorbehandlung.

Ergebnisse:

| | |
|---|---|
| Abgebrochen wegen Unruhe,<br>Konzentrationsmangel, Denkstörung usw.: | 6 |
| Schlagartig gebessert: | 47 |
| Weitere Nachbehandlung mit Time-Line nötig: | 21 |
| Nach der Behandlung an schulmedizinische<br>und andere Therapien weiter empfohlen: | 26 |
| Länger dauernde Nachbehandlung mit<br>Time-Line: (Neurosen, Borderline, usw.) | 5 |
| Keine Wirkung: | 7 |

(Mehrfachnennungen möglich.)

# Literatur


Andreas, Connirae & Steve, Mit Herz und Verstand, NLP für alle Fälle, Paderborn 1994

Angelus Silesius, Der Cherubinische Wandersmann, Einsiedeln 1980

Aristoteles, Physik, Vorlesungen über die Natur, 8 Bände, Hrsg. Hans-Günter Zekl, Hamburg 1986

Bandler, Richard; Bitte verändern Sie sich ... jetzt! Transskripte meisterhafter NLP-Sitzungen, Paderborn 1993

Bandler, Richard; Grinder, John, Reframing, Ein ökologischer Ansatz in der Psychotherapie, Paderborn 1995

Banis, Reimar, Psychosomatische Energetik, Diagnostik der Chakren und Energieebenen und ihre biologische Therapie, Edition COMED, Sulzbach/Ts. 1998

Besser-Siegmund, Cora, Magic Words, Düsseldorf 1994

Cameron-Bandler, Leslie; Gordon, David; Lebeau, Michael; Musterlösungen, Lösungsmuster für alltägliche Probleme, Paderborn 1992

Dahlke, Ruediger; Mentaltraining – Alter Wein in neuen Schläuchen – In COMED Nr. 12, Sulzbach 1999

Dilts, Robert, Identität und Glaubenssysteme, Paderborn 1993

– ders., Die Veränderung von Glaubenssystemen, Paderborn 1993

Eliade, Mircea, Schamanismus und archaische Ekstasetechnik, Frankfurt/M. 1975

Farrelly, Frank, Provocative Therapy, New York 1990

Frank, Dr. Wolfgang, Psychiatrie, Neckarsulm 1985

Furter, Dr. Michael, Seelische Struktur und physischer Körper, Eigenverlag, o.O., o.J., R.A.M.M. S.a.r.l., Postfach 597, CH-1260 Nyon

– ders., Forschung und Anwendung manueller Medizin: Arthrose, Eigenverlag, o.O., o.J.

Hackl, Monnica, Schamanische Schilde, Vom Umgang mit heilenden Mustern, München 1996
– dies., Farben-Chromotherapie nach Dinshah, Stuttgart 1998
Hamer, Dr. Ryke Geerd, Vermächtnis einer neuen Medizin, Köln 1987
– ders., Krebs, Krankheit der Seele, Köln 1989
Hamerling, Robert, Ahasver in Rom, Zbinden 1967
Hellinger, Suitbert, Ordnungen der Liebe, Heidelberg 1998
Heym, Stefan, Ahasver, München 1981
Hoerni-Jung, Helene, Maria, Bild des Weiblichen, München 1991
– dies., Vom inneren Menschen, Kempten 1995
Höfner, Eleonore, Schmachtner, Hans-Ulrich, Das wäre doch gelacht, Humor und Provokation in der Therapie, Reinbek 1995
James, Tad, Time-Coaching. Paderborn 1993
James, Tad & Woodsmall, Wyatt, Time Line, Paderborn 1994
Kautzsch, Emil, Die Apokryphen und Pseudoepigraphen zum Alten Testament, 2 Bände, Hildesheim, New York 1975
aus: Die Apokryphen, S. 25, Augsburg o.J.
Laborde, Genie, Kompetenz und Integrität, Die Kommunikationskunst des NLP, Paderborn 1994
Lukas, Dr. Elisabeth, Lebensstil und Wohlbefinden, München 1999
– dies., Weisheit als Medizin, Viktor E. Frankls Beitrag zur Psychotherapie, Stuttgart 1997
Schmidbauer, Wolfgang, Die Subjektive Krankheit, Reinbek o.J.
Schneller, Karl, Ahasver, Dramatisches Gedicht, Ed. Rötzer 1982
Sheldrake, Rupert, Das schöpferische Universum, Berlin 1993
Stolz, Alfred, Schamanen, Ekstase und Jenseitssymbolik, Köln 1998
Tölle, Dr. Rainer, Psychiatrie, Berlin 1992
Uccusic, Paul, Der Schamane in uns, Genf 1991
Walsh, Roger, Der Geist des Schamanismus, Olten 1982

## Zur Autorin

*Monnica Hackl,* 1947 geboren, studierte Theologie, Germanistik, Sozialpädagogik und ließ sich im gesamten Spektrum der Naturheilkunde ausbilden. Sie lebt in Dorfen/Bayern und betreibt dort in eigener Praxis TCM, Homöopathie, Bach-Blütentherapie, NLP, Chiropraktik und viele weitere klassische Naturheilverfahren. Seit Jahren beschäftigt sie sich intensiv mit schamanischer Medizin und bildet sich alljährlich mehrere Monate lang in Asien auf dem Gebiet des Verjüngungs- und Gesundheitssystems Hui Chun Gong weiter. Die 1999 im Fachbereich Psychologie promovierte Autorin (Thema »Schamanisches Wissen und Neurolinguistische Prozesse«) therapiert in Einzelsitzungen und gibt Seminare über Schamanismus, Farbtherapie und Hui Chun Gong.

Monnica M. Hackl
Von-Eichendorff-Ring 8
84405 Dorfen
tel.: 00 49/0 80 81-27 73
fax: 00 49/0 80 81-84 67

## Weitere Bücher der Autorin

Hui Chun Gong, die Verjüngungsübungen der chinesischen Kaiser, Hugendubel Verlag

Schamanische Schilde – Vom Umgang mit magischen Mustern, Undine Verlag

Farben-Chromotherapie nach Dinshah – Farbtherapie als Naturheilverfahren, Sonntag Verlag

Bach-Blütentherapie für Homöopathen, Sonntag Verlag

Kristall-Karten – Gesundheit, Schönheit und Wohlbefinden durch Kristalle, Blüten und Farben, Oratio Verlag

Monnica Hackl

**Jung und schön mit Hui Chun Gong**

Die geheimen Verjüngungsübungen
der chinesischen Kaiser

*128 Seiten, Broschur, durchgehend vierfarbig,*
*ISBN 3-7205-2373-X*

Höchst wirksame Übungen von bestechender Einfachheit – eine lange geheimgehaltene, uralte chinesische Bewegungsform zur Steigerung von Jugend und Schönheit. Hui Chun Gong gehört zur Atem- und Bewegungstherapie, auch bekannt als Qi Gong. Im Gegensatz zu anderen Formen des Qi Gong sind die hier vorgestellten Übungen in ihren Grundzügen in einem halben Tag erlernbar. Volle Konzentration und Sorgfalt in der Ausführung sind das Geheimnis ihres Erfolges.

Unser Longseller als Vierfarb-Ratgeber!

IRISIANA